丛书系国家社科基金重大招标项目《中国共产党百年奋斗中坚持敢于斗争经验研究》（项目编号：22ZDA015）阶段性成果。

奋力建设现代化新广东研究丛书

中山大学中共党史党建研究院　编　张　浩　丛书主编

平安广东建设的 实践及路径研究

王仕民 等　著

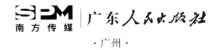

广东人民出版社

·广州·

图书在版编目（CIP）数据

平安广东建设的实践及路径研究 / 王仕民等著. --广州：广东人民出版社，2024.8.（奋力建设现代化新广东研究丛书）. -- ISBN 978-7-218-17790-8

Ⅰ. D631.4

中国国家版本馆CIP数据核字第2024CG6640号

PING'AN GUANGDONG JIANSHE DE SHIJIAN JI LUJING YANJIU

平安广东建设的实践及路径研究

王仕民 等 著

出 版 人：肖风华

出版统筹：卢雪华
策划编辑：曾玉寒
责任编辑：伍茗欣　舒 集
装帧设计：广大迅风艺术　刘瑞锋
责任技编：吴彦斌

出版发行：广东人民出版社
地　　址：广州市越秀区大沙头四马路10号（邮政编码：510199）
电　　话：（020）85716809（总编室）
传　　真：（020）83289585
网　　址：http://www.gdpph.com
印　　刷：广州市豪威彩色印务有限公司
开　　本：787mm×1092mm　1/16
印　　张：11　　字　数：210千
版　　次：2024年8月第1版
印　　次：2024年8月第1次印刷
定　　价：48.00元

如发现印装质量问题，影响阅读，请与出版社（020-85716849）联系调换。
售书热线：（020）87716172

▶ 总　序

　　古代广东处于中国大陆的最南端，南有茫茫大海、北有五岭的重重阻隔，且远离中国的政治经济文化中心。然而，近代以来，广东却屡开风气之先。广东是反抗外国侵略的前哨，同时又是外国新事物传入中国的门户，地处东西文明交流的前沿，一直扮演着现代化先行者的角色。许多重大历史事件和著名历史人物不约而同和广东联系在一起，使广东在整个近代中国居于一种特殊的地位。中国近代史的第一页就是在广东揭开的。两次鸦片战争都在广东发生，西方国家用大炮打开中国大门，首先打的是广东。而中国人民反抗外国侵略的斗争，也首先是从广东开始的。众所周知，1840年英国侵略者以林则徐在广东虎门销烟为由，发动侵略中国的鸦片战争，这是中国近代史开端的标志。作为近代中国人民第一次反侵略斗争的三元里抗英斗争即发生在广东，因此广东成为中国反对外来侵略的前沿阵地。广东也产生了一大批在中国乃至世界上都有影响力的思想家、革命家。他们站在时代的前列，探索救国救民的真理，投身于救国救民的运动，推动和影响了近代中国发展的历史进程。毛泽东在《论人民民主专政》一文中谈到近代先进的中国人向西方寻求救国真理，他举出四个代表人物，即洪秀全、严复、康有为和孙中山，这四个人中有三个是广东人。从洪秀全领导的太平天国起义，到康有为等人领导的维新运动，这些广东仁人志士对救国良方的寻觅，都推动了中国早期的现代化进程。特别是孙中山先生在《建国方略》中曾对中国现代化景象作出过天才般的畅想。然而，遗憾的是，由于没有先进力量的领导、没有科学理论的指导，民族独立无法实现，现代化也终究是水月镜花。

1921年7月，中国共产党的诞生，是开天辟地的大事变，标志着中国的革命事业有了主心骨、领路人。广东是大革命的策源地、中国共产党领导革命斗争的重要发源地之一、中国共产党探索革命道路的核心区域之一和全国敌后抗日三大战场之一。革命战争年代，广东英雄人物辈出，其中陈延年、张太雷、邓中夏、蔡和森、张文彬等人为中国革命献出了宝贵生命；彭湃烧毁自家田契，领导了海陆丰农民运动，为人民利益奋斗终身；杨殷卖掉自己广州、香港的几处房产，为革命事业筹集经费，最后用生命捍卫信仰……这些铮铮铁骨的共产党人用生命为民族纾困，为国家分忧。总之，广东党组织在南粤大地高举革命旗帜28年而不倒，坚持武装斗争23年而不断，为中国新民主主义革命的胜利作出了巨大的贡献，从而为现代化事业发展准备了根本条件。

新中国成立后，广东砥砺前行，开始了探索建设社会主义现代化的伟大实践。在"四个现代化"宏伟目标的指引下，中共广东省委带领广东人民以"敢教日月换新天"的勇气和斗志，发展地方工业，完成社会主义改造，建立起社会主义基本制度，拉开大规模社会主义建设的序幕。此后，广东又在国家投资支援极少的情况下，自力更生建立了比较完整的工业体系和国民经济体系。这一时期，全省兴建了茂名石油工业公司、广州化工厂、湛江化工厂、广州钢铁厂以及流溪河水电站、新丰江水电站等骨干企业，改组、合并和新建了200多家机械工业企业，工农业生产能力明显增强。这一时期，广东社会主义现代化建设事业经过长期而艰苦的实践探索，在农业、工业、科学技术等方面取得了一系列突出成就，为推进社会主义现代化奠定了坚实的物质基础。

党的十一届三中全会以来，广东充分利用中央赋予的特殊政策和灵活措施，在改革开放中先行一步，走出了一条富有广东特色的现代化发展路径。广东大胆地闯、大胆地试，以"敢为天下先"的历史担当和"杀出一条血路"的革命精神，带领全省人民解放思想，在改革开放探索中先行一步。"改革开放第一炮"作为"冲破思想禁锢的第一声春雷"响彻深圳蛇口上空，"时间就是金钱，效率就是生命"的口号传遍祖国大地。在推进经济特区建设、经济体制改革，发展外向型经济，率先建立社会主义市场经济体制的过程中，广东以改革精神破冰开局，实现了第一家外资企业、第一个出口加工区、第一张股票、第一批农民工、第一家涉外酒店、第一个商品房小区等多个"第一"；探索出"前店后厂""三来一补""外向带动""腾笼换鸟、造林引凤""粤港澳合作"等诸多创新之路。相关数据显示，至2012年，城乡居民人均可支配收入分别为30226.71元和10542.84元；城镇化水平达67.4%，人均预期寿命提高到76.49岁，高等教育毛入学率超过32%。作为改革开放的先行地，广东还贡献了现代化的创新理念、思路和实践经验。"珠江模式""深圳速度""东莞经验"等在全国产生了巨大影响，为探索中国特色社会主义现代化道路贡献了实践模板。总之，改革开放风云激荡，南粤大地生机勃勃，广东人民生活已经实现从温饱到总体达到小康再到逐步富裕的历史性跨越，为基本实现现代化打下了良好的基础。

党的十八大以来，中国特色社会主义进入新时代。习近平总书记对广东全面深化改革、全面扩大开放、深入推进现代化事业高度重视，先后在改革开放40周年、经济特区建立40周年、改革开放45周年等重要节点到广东视察，寄望广东"继续在改革开放中发挥窗口作用、试验作用、排头兵作用"，勉励广东"继续全面深化改革、全面扩大开放，努力创造出令世界刮目相看的新的更大奇迹"，要求广东"以更大魄力、在更高起点上推进改革开放",嘱托广东在新征程上要"在全面深化改革、扩大高水平对外开放、提升科技自立自强能力、建设现代化产业体系、促进城乡区域协调发展等方面继续走在全国前列,在推进中国式现代化建设中走在前列",这为广东推动改革开放和社会主义现代化向更深层次挺进、更广阔领域迈进指明了方向。在以习近平同志为核心的党中央的亲切关怀和坚强领导下,广东高举习近平新时代中国特色社会主义思想伟大旗帜,坚持改革不停顿、开放不止步,进一步解放思想、改革创新,进一步真抓实干、奋发进取,不断开创广东现代化建设新局面。广东立定时代潮头,坚持改革开放再出发,勇当中国式现代化的领跑者。广东以习近平总书记对广东的重要讲话和重要指示批示精神统揽工作全局,加强对中央顶层设计的创造性落实,不断围绕服务国家重大战略贡献长板、担好角色,以全面深化改革为鲜明导向,纵深推进粤港澳大湾区、深圳先行示范区建设,推动横琴、前海、南沙三大平台稳健起步,实现了经济平稳较好发展和社会和谐稳定,确保经济、政治、文化、社会、生态文明建设"五位一体"统筹推进,在经济高质量发展、文化强省建设、法治广东建设、生态文明建设以及民生事业发展等方面取得具有历史意义的新成就。2023年广东GDP达到13.57万亿元,经济总量连续35年全国第一,区域创新综合能力连续7年全国第一,规上工业企业超7.1万家,高新技术企业超过7.5万家,19家广东企业进入世界500强,超万亿元、超千亿元级产业集群分别达到8个和10个,"深圳—香港—广州"科技集群位居全球前列,建成国际一流的机场、港口、公路及营商环境,新质生产力发展势头良好,这为广东在推进中国式现代化建设中走在前列奠定了坚实的物质基础。

中国式现代化前途光明,任重道远。广东是东部发达省份、经济大省,以占全国不到2%的面积创造了10.7%的经济总量,在中国式现代化建设的大局中地位重要、作用突出，完全能够在现代化建设、高质量发展上继续走在全国前列。

促发展争在朝夕，抓落实重在实干。为了更好落实"在推进中国式现代化建设中走在前列"这一习近平总书记对广东的深切勉励、殷切期望和战略指引，2023年6月20日，中共广东省委十三届三次全会作出"锚定一个目标，激活三大动力，奋力实现十大新突破"的"1310"具体部署。这是紧跟习近平总书记、奋进新征程的坚定态度和郑重宣示，是把握大局、顺应规律、立足实际的科学布局，是推进中国式现代化的广东实践的施工图、任务书。时间不等人、机遇不等人、发展不等人。唯有大力弘扬"闯"的精神、"创"的劲头、"干"的作风，一锤一锤接着敲、一件一件钉实钉牢，才能把蓝图变为现实，推动广东在推进中国式现代化建设中走在前列。

岭南春来早，奋进正当时。2024年2月18日是农历新春第一个工作日，继去年"新春第一会"之后，广东再度召开全省高质量发展大会，这次大会强调"接过历史的接力棒，建设一个现代化的新广东，习近平总书记、党中央寄予厚望，父老乡亲充满期待，我们这代人要有再创奇迹、再写辉煌的志气和担当，才能不辜负先辈，对得起后人"，吹响了奋力建设一个靠创新进、靠创新强、靠创新胜的现代化新广东的冲锋号角，释放出"追风赶月莫停留、凝心聚力加油干"的鲜明信号。向天空探索、向深海挺进、向微观进军、向虚拟空间拓展，广东以"新"提"质"，以科技改造现有生产力，积极催生新质生产力，不断增强高质量发展的"硬实力"。观大局、抓机遇、行大道，广东作为经济大省、制造业大省，不断筑牢实体经济为本、制造业当家的根基，持续推动高质量发展，必将创造新的伟大奇迹。

2024年7月15日至18日，中国共产党第二十届中央委员会第三次全体会议在北京举行。党的二十届三中全会是在新时代新征程上，中国共产党坚定不移高举改革开放旗帜，紧紧围绕推进中国式现代化进一步全面深化改革而召开的一次十分重要的会议。全会审议通过的《中共中央关于进一步全面深化改革、推进中国式现代化的决定》，深入分析推进中国式现代化面临的新情况新问题，对进一步全面深化改革作出系统谋划和部署，既是党的十八届三中全会以来全面深化改革的实践续篇，也是新征程推进中国式现代化的时代新篇，擘画了进一步全面深化改革的蓝图，发出了向改革广度和深度进军的号令。广东全省上下要闻令而动，积极响应党中央的号召，全面贯彻落实党的二十届三中全会各项部署，以走在前列的担当进一步全面深化改革，扎实推进中国式现代化的广东实践。要围绕强化规则衔接、机制对接，把粤港澳大湾区建设作为全面深化改革的大机遇、大文章抓紧做实，携手港澳加快推进各领域联通、贯通、融通，持续完善高水平对外开放体制机制，依托深圳综合改革试点和横琴、前海、南沙、河套等重大平台开展先行先试、强化改革探索，努力创造更多新鲜经验，牵引带动全省改革开放向纵深推进。要围绕构建新发展格局、推动高质量发展，进一步深化经济体制改革，着眼处理好政府和市场的关系，加快构建高水平社会主义市场经济体制；着眼发展新质生产力，健全推动经济高质量发展体制机制；着眼补齐最突出短板，健全促进城乡区域协调发展的体制机制，更好激发广东发展的内生动力和创新活力。要围绕推进高水平科技自立自强，加快构建支持全面创新体制机制，深化教育综合改革、科技体制改革、人才发展体制机制改革，打通创新链、产业链、资金链、人才链，着力提升创新体系整体效能。要围绕提升改革的系统性、整体性、协同性，统筹推进民主、法治、文化、民生、生态等各领域改革，确保改革更加凝神聚力、协同高效。要围绕构建新安全格局，扎实推进国家安全体系和能力现代化，全面贯彻总体国家安全观，加强国家安全体系建设，完善公共安全治理机制，持续加强和创新社会治理，切实保障社会大局平安稳定。要围绕提高对进一步全面深化改革、推进中国式现代化的领导水平，切实加强党的全面领导和党的建设，始终坚持党中央对全面深化改革的集中统一领导，深化党的建设制度改革，健全完善改革推进落实机制，充分调动广大党员干部抓改革、促发展的积极性、主动性、创造性，以钉钉子精神把各项改革任务落到实处。

站在新的历史起点上，回望我们党领导人民夺取革命、建设、改革伟大胜利的光辉历程和广东取得的举世瞩目的发展成就，眺望强国建设、民族复兴的光明前景和广东现代化建设的美好未来，我们更加深刻感到，改革开放必须坚定不移，广东靠改革开放走到今天，还要靠改革开放赢得未来；更加深刻感到，改革开放需要群策群力，进一步全面深化改革，每个人都不是局外人旁观者，都是参与者贡献者；更加深刻感到，改革开放务求真抓实干，中国式现代化是干出来的，伟大事业都成于实干。岭南处处是春天，一年四季好干活。全省上下要从此刻开始，从现在出发，拿出早出工、多下田、干累活的工作热情，主动投身到进一步全面深化改革的宏伟事业中来，以走在前列的闯劲干劲拼劲，推动改革开放事业不断取得新进展新突破，推动高质量发展道路越走越宽，让创新创造社会财富的活力竞相迸发、源泉充分涌流，奋力建设好现代化新广东，切实推动广东在推进中国式现代化建设中走在前列，为强国建设、民族复兴作出新的更大贡献！

在中华人民共和国成立75周年、中山大学建校100周年之际，中山大学中共党史党建研究院组织专家撰写的《奋力建设现代化新广东研究丛书》的出版，具有重要的政治意义和纪念意义。同时，这套丛书也是国家社科基金重大招标项目《中国共产党百年奋斗中坚持敢于斗争经验研究》（项目号：22ZDA015）的阶段性成果，丛书的出版也有一定的学术意义。

希望这套丛书在深化对党的二十大精神和习近平总书记视察广东重要讲话、重要指示精神如何在岭南大地落地生根、结出丰硕成果的研究阐释方面立新功，在深化对广东推进中国式现代化的创新举措和发展经验研究方面谋新篇，在推动中山大学围绕中央和地方经济社会发展需要开展对策研究和前瞻性战略研究方面探新路。

是为序。

中山大学中共党史党建研究院

2024年8月

目录
CONTENTS

2 第二章

社会安全：平安广东建设的保障

3 第三章

经济安全：平安广东建设的基础

4 第四章
文化安全：平安广东建设的载体

5 第五章
公共安全：平安广东建设的关键

6

第六章

网络安全：平安广东建设的新空间

7

第七章

人民安全：平安广东建设的宗旨

8

第八章

平安广东：新时代高质量安全建设的举措

导　论

　　习近平总书记早在浙江工作时就明确指出："我们提出的'平安'，不是仅指社会治安或安全生产的狭义的'平安'，而是涵盖了经济、政治、文化和社会各方面宽领域、大范围、多层面的广义'平安'。"①2014年，习近平总书记在中央国家安全委员会第一次会议上就明确提出了总体国家安全观："当前我国国家安全内涵和外延比历史上任何时候都要丰富，时空领域比历史上任何时候都要宽广，内外因素比历史上任何时候都要复杂，必须坚持总体国家安全观，以人民安全为宗旨，以政治安全为根本，以经济安全为基础，以军事、文化、社会安全为保障，以促进国际安全为依托，走出一条中国特色国家安全道路。"②习近平总书记提出的总体国家安全观确立了新时代"大平安观"。它清晰地指明了平安建设的地位和作用。习近平总书记指出："国家安全和社会稳定是改革发展的前提""国家安全是头等大事""国家安全是安邦定国的重要基石"。③这些重要论述把国家安全与平安建设的战略地位提升到了新的历史高度。

　　新时代建设平安中国，需要积极进行改革发展创新，系统把握改革创新发展的规律，全面而系统地解决影响中国社会平安和谐与稳定发展中的

---

① 习近平：《之江新语》，浙江人民出版社2007年版，第119页。

② 中共中央党史和文献研究院：《习近平关于总体国家安全观论述摘编》，中央文献出版社2018年版，第4页。

③ 中共中央党史和文献研究院：《习近平关于总体国家安全观论述摘编》，中央文献出版社2018年版，第3、10、14页。

突出问题，强化源头性工作和基础性工作，在新时代新的起点上来全面扎实地不断推进平安中国建设，不断建设平安领域更加宽泛、人民群众更加满意和实效性更强的平安中国，为新时代中华民族的腾飞，新时代中国式现代化发展，新时代全面建成小康社会，夺取新时代中国特色社会主义新的伟大胜利作出新贡献。新时代需要把人民群众对平安中国建设的新要求作为努力方向，坚持从源头开始治理，坚持系统治理、综合治理、依法治理相互结合，努力解决改革开放过程中的深层次问题，把平安中国建设落到实处，确保广大人民群众安居乐业、社会安定有序、国家长治久安。

《中共中央关于制定国民经济和社会发展第十四个五年规划和二〇三五年远景目标的建议》把安全发展纳入了"十四五"时期中国经济社会发展的重要指导思想，并列出专章进行了系统部署，明确提出了"统筹发展和安全，建设更高水平的平安中国"[①]的战略任务。中国人历来崇尚和谐，提倡安全防范意识。提倡安全和保障安全的忧患意识从来就是中华民族的文化基因，也是中国共产党人一直秉承的优良传统。新时代在全面开创中华民族腾飞和中国特色社会主义现代化建设新征程上，面对世界百年未有之大变局，以习近平同志为核心的党中央把安全问题摆在了更加突出的位置，提出了"更高水平"的平安中国建设要求。这个"更高水平"的平安中国建设是新时代背景下对"安全"问题提出的必然要求。

党的二十大报告明确指出"建设更高水平的平安中国，以新安全格局保障新发展格局"[②]，党中央重点方针政策提出了构建新安全格局、实现高质量发展和高水平安全的良性互动是平安中国的"更高水平"治理目标，并强调要"落实总体国家安全观，坚持共建共治共享方向""研究解

---

① 《中共中央关于制定国民经济和社会发展第十四个五年规划和二〇三五年远景目标的建议》，《人民日报》2020年11月4日。

② 《习近平著作选读》第1卷，人民出版社2023年版，第43页。

决体制性、机制性、政策性问题"①，要求平安中国"更高水平"的治理主体需要从政治高度、整体高度、全局视野统一部署规划。更高水平的平安中国建设是党中央着眼于统筹发展和安全、面向新时代现实需求的重大战略决策。"平安是老百姓解决温饱后的第一需求，是极重要的民生，也是最基本的发展环境。"②从"平安浙江"理念的创设，再到"平安中国"与"更高水平的平安中国"的时代新要求，平安已经从传统意义上的社会治安、公共安全，上升到总体安全、大平安和大安全。习近平总书记在2020年11月对平安中国建设工作指示中强调，要"全面提升平安中国建设科学化、社会化、法治化、智能化水平"③，是基于更高水平的平安中国提出的新要求。新时代中国的国家安全体系和能力现代化建设，要求推动统筹发展和安全，建设更高水平的平安中国成为新时代的必然。

党的十八大以来，习近平总书记坚持把马克思主义基本原理与中华优秀传统文化相结合，在党的治国理政经验的基础上明确提出了"平安中国"的伟大思想。"把人民群众对平安中国建设的要求作为努力方向，坚持源头治理、系统治理、综合治理、依法治理，努力解决深层次问题，着力建设平安中国，确保人民安居乐业、社会安定有序、国家长治久安。"④中国共产党第十八届中央委员会第三次全会提出，设立国家安全委员会，完善国家安全体制和国家安全战略，确保国家安全。⑤2014

① 《全面提升平安中国建设水平 不断增强人民群众获得感幸福感安全感》，《人民日报》2020年11月12日。

② 中共中央文献研究室：《习近平关于社会主义社会建设论述摘编》，中央文献出版社2017年版，第148页。

③ 《习近平对平安中国建设作出重要指示强调 全面提升平安中国建设水平 不断增强人民群众获得感幸福感安全感》，《人民日报》2020年11月12日。

④ 中共中央文献研究室：《习近平关于社会主义社会建设论述摘编》，中央文献出版社2017年版，第142页。

⑤ 《中国共产党第十八届中央委员会第三次全体会议公报》，《人民日报》2013年11月13日。

年1月24日，中共中央政治局召开会议，研究决定中央国家安全委员会设置。中央国家安全委员会作为中共中央关于国家安全工作的决策和议事协调机构，向中央政治局、中央政治局常务委员会负责，统筹协调涉及国家安全的重大事项和重要工作。①2014年4月15日上午，习近平总书记主持召开中央国家安全委员会第一次会议并发表重要讲话。习近平总书记强调，要准确把握国家安全形势变化新特点新趋势，坚持总体国家安全观，走出一条中国特色国家安全发展道路。2015年1月23日，中共中央政治局召开会议，审议通过《国家安全战略纲要》。制定和实施《国家安全战略纲要》，是有效维护国家安全的迫切需要，是完善中国特色社会主义制度、推进国家治理体系和治理能力现代化的必然要求。②在中国共产党第十九次全国代表大会上，习近平总书记强调："国家安全是安邦定国的重要基石，维护国家安全是全国各族人民根本利益所在。"③2018年4月17日下午，习近平总书记主持召开十九届中央国家安全委员会第一次会议并发表重要讲话。习近平总书记强调，要加强党对国家安全工作的集中统一领导，正确把握当前国家安全形势，全面贯彻落实总体国家安全观，努力开创新时代国家安全工作新局面，为实现"两个一百年"奋斗目标、实现中华民族伟大复兴的中国梦提供牢靠安全保障。④2020年10月29日，中国共产党第十九届中央委员会第五次全体会议提出，坚持总体国家安全观，统筹发展和安全，建设更高水平的平安中国。⑤总体国家安全观是一种全面

---

① 《中共中央政治局召开会议 研究决定中央国家安全委员会设置 审议贯彻执行中央八项规定情况报告 中共中央总书记习近平主持会议》，《人民日报》2014年1月25日。

② 《中央政治局召开会议 审议通过〈国家安全战略纲要〉》，《人民日报》2015年1月24日。

③ 《习近平谈治国理政》第3卷，外文出版社2020年版，第39页。

④ 《全面贯彻落实总体国家安全观 开创新时代国家安全工作新局面》，《人民日报》2018年4月18日。

⑤ 《中国共产党第十九届中央委员会第五次全体会议公报》，《人民日报》2020年10月30日。

安全和系统安全的理念，是一种相对稳定和安全的可持续发展状态，是一种维护国家安全的科学方法与统筹谋略。在中国共产党第二十次全国代表大会上，习近平总书记提出，坚定不移贯彻总体国家安全观，把维护国家安全贯穿党和国家工作各方面全过程。①2023年5月30日下午，习近平总书记在第二十届中央国家安全委员会第一次会议上指出，中央国家安全委员会坚持发扬斗争精神，坚持并不断发展总体国家安全观，推动国家安全领导体制和法治体系、战略体系、政策体系不断完善，实现国家安全工作协调机制有效运转、地方党委国家安全系统全国基本覆盖，坚决捍卫了国家主权、安全、发展利益，国家安全得到全面加强。会议强调，当前我们所面临的国家安全问题的复杂程度、艰巨程度明显加大。国家安全战线要树立战略自信、坚定必胜信心，充分看到自身优势和有利条件。②

党中央在统筹发展和安全战略部署下，建设更高水平的平安中国以实现安全与发展并重的战略目标，并为各地政府提出"促一方发展，保一方平安"的政策要求，以高质量发展和高水平安全的良性互动为主要行动方针。

党的十八大以来，习近平总书记多次对广东工作发表重要讲话、作出重要指示，为广东改革发展定向导航、注入动力。2023年6月，中共广东省委十三届三次全会强调，要深入学习党的二十大精神和习近平总书记视察广东重要讲话、重要指示精神，提出"锚定一个目标，激活三大动力，奋力实现十大新突破"的"1310"具体部署，要以"再造一个新广东"的闯劲干劲拼劲向着新的目标再出发，切实担负起推进中国式现代化建设的广东使命。习近平总书记对广东系列重要讲话、重要指示蕴含着丰厚的情

---

① 《习近平著作选读》第1卷，人民出版社2023年版，第43页。
② 《加快推进国家安全体系和能力现代化　以新安全格局保障新发展格局》，《人民日报》2023年5月31日。

怀和智慧，是习近平新时代中国特色社会主义思想在广东的具体化，是马克思主义思想的光辉篇章。我们要理解把握其中蕴含的立场观点方法，奋力推动省委"1310"具体部署落地见效。省委十三届二次全会明确提出，突出构建新安全格局，高水平谋划推进平安广东建设。学习贯彻全会精神，就是要坚定不移贯彻落实总体国家安全观，将广东持续打造成为全国最安全稳定、最公平公正、法治环境最好的地区之一，为推进中国式现代化建设提供坚实可靠的安全保障。

广东坚决贯彻习近平总书记和党中央决策部署，坚持统筹发展和安全，全力防风险、保安全、护稳定、促发展，平安广东建设取得显著成效。同时，也要清醒地看到，广东面对"两个大局"风云激荡，处在"两个前沿"风口浪尖，遇到的风险挑战、历经的大战大考此起彼伏，维护好国家安全和社会稳定责任重大而使命光荣。"平安广东"是"更高水平的平安中国"的重要组成部分。平安广东建设就是要以大安全观为指导，建设更高水平的平安广东，筑牢系统的广东新安全格局。习近平总书记指出："以共建共治共享为导向，以防范化解影响安全稳定的突出风险为重点，以市域社会治理现代化、基层社会治理创新、平安创建活动为抓手，建设更高水平的平安中国。"[①]这就指明了更高水平的平安广东建设一定是全方位多层次的大系统平安，更高水平的平安广东表达了更高质量的发展诉求。高水平的平安广东必然依靠更强大的力量来保障，这必然要求有更高质量的广东发展。新时代更高水平的平安广东建设，关键是要做到"准确识变、科学应变、主动求变，善于在危机中育先机、于变局中开新

---

① 《习近平对平安中国建设作出重要指示强调　全面提升平安中国建设水平　不断增强人民群众获得感幸福感安全感》，《人民日报》2020年11月12日。

局，抓住机遇，应对挑战"①，把长远发展的深谋和长治久安的远虑有效结合起来。

"平安"实际上是一个动态概念，随着时代的发展，它的内涵也会越来越宽泛。广东积极推进"更高水平"平安广东建设，必须统筹好发展与安全的关系，解决好"发展"和"安全"两件大事，继续谱写"经济快速发展"和"社会长期稳定"这"两大奇迹"的广东新篇章，实现高质量发展和高水平安全的良性互动。习近平总书记指出："越开放越要重视安全，越要统筹好发展和安全，着力增强自身竞争能力、开放监管能力、风险防控能力，炼就金刚不坏之身。"②广东要学会在控制中开放，在开放中把握平衡，从而凝聚社会主义核心价值观，破解西方不良思潮影响，增强安全意识，倡导和平发展。广东全省各地各部门认真学习贯彻省委十三届二次全会精神，统筹发展和安全，突出构建新安全格局，建设更高水平的平安广东，不断夯实防风险、迎挑战、抗打压的实力，确保广东政治安全、经济安稳、社会安定、人民安宁，为更高水平的平安中国发挥广东的引领作用和示范作用。

"平安广东"是"更高水平的平安中国"的重要组成部分。无论国家还是个人，无论过去还是将来，安全始终都是人的生存和发展的基本问题。马克思说："全部人类历史的第一个前提无疑是有生命的个人的存在。"③对于广大人民群众的生存和发展而言，丰富的物质生活条件是一个基本的前提，但是物质生产能不能顺利开展，这就必然地需要一个安全的环境来作为保障。同时，人类生存的环境并不是一成不变的，而是在

---

① 《中共中央关于制定国民经济和社会发展第十四个五年规划和二〇三五年远景目标的建议》，《人民日报》2020年11月4日。
② 《习近平在经济社会领域专家座谈会上的讲话》，《人民日报》2020年8月25日。
③ 《马克思恩格斯文集》第1卷，人民出版社2009年版，第519页。

不断地发生着变化。人们维护自身生存和发展安全时并不是一个被动的避难者，而是一个主动的积极参与者。正如马克思所说："一当人开始生产自己的生活资料，即迈出由他们的肉体组织所决定的这一步的时候，人本身就开始把自己和动物区别开来。人们生产自己的生活资料，同时间接地生产着自己的物质生活本身。"① 因此，在人类社会发展的历史长河中，人不断地追求和创造着自己的生活，在这个过程中不断地改变着自己的生存环境，这个环境必然是朝着更加安全的方向发展。新时代面对世界百年未有之大变局的实际环境，不确定性和不稳定性的因素却是明显增加；因此，新时代防范和化解社会中存在的重大风险的要求就越来越高，新时代实现高质量发展面临着各种各样安全因素的干扰。安全感是幸福感的前提，始终是人们追求美好生活的基础。正如马克思所说："意识在任何时候都只能是被意识到了的存在，而人们的存在就是他们的现实生活过程。"② 广大人民群众追求美好生活的愿望，迫切需要一个安全的生活环境。更高水平的平安广东建设体现着一种系统的大平安。人民对美好生活的新期待和新追求，这就是更高水平的平安广东建设提出的必然工程，而且是大系统和大工程，涉及人民群众生活的方方面面。"平安"的涵义十分广泛，作为开放式的和发展的概念，其安全的内涵和外延也在不断地被拓展。

更高水平的平安广东建设就是要从国家全局的高度来统筹好广东在国家政治、经济、科技、文化、社会、生态、生物、资源等各个方面的安全，善于用系统的联系的思维来把握广东与国家整体安全观，避免在安全问题上发生系统性的错误。习近平总书记指出："以共建共治共享为导向，以防范化解影响安全稳定的突出风险为重点，以市域社会治理现

① 《马克思恩格斯文集》第1卷，人民出版社2009年版，第519页。
② 《马克思恩格斯文集》第1卷，人民出版社2009年版，第525页。

代化、基层社会治理创新、平安创建活动为抓手，建设更高水平的平安中国。"[1]这就要求更高水平的平安广东建设一定是全方位多层次的大系统安全观。更高水平的平安广东建设表达着广东更高质量的发展之路。更高水平的平安广东建设必然要依靠更加强大的经济政治等力量来保障，这就必然要求广东有更高水平的质量发展。从广东目前的情况来看，广东站在了新的发展起点上，处于新发展阶段。这个发展阶段 "是一个动态、积极有为、始终洋溢着蓬勃生机活力的过程，是一个阶梯式递进、不断发展进步、日益接近质的飞跃的量的积累和发展变化的过程"[2]。因此，平安广东建设也是一个变化发展向上的过程。要实现这个过程，就必须全面贯彻新发展理念，不断追求高质量的发展，不断满足广大人民群众对美好生活的追求。积极推进"更高水平"的平安广东建设，必须进行科学的规划，统筹好"更高水平"的发展和安全的关系，牢牢把握"发展"和"安全"这条主线，不断谱写"经济快速发展"和"社会长期稳定"这"两大奇迹"的广东新篇章。广东要牢牢抓住发展与安全的辩证关系，坚持在发展中促进安全，在安全中确保发展。习近平总书记指出："我们要的是经济、政治、文化和社会各方面都和谐稳定发展的'平安'，而不是无所作为的'平庸'。"[3]这就是说，"更高水平"的平安广东建设理所当然是一种高质量高水平的平安。"更高水平"的平安广东建设必须坚持底线思维，凡事要从最坏处着手，必须具备面对困难的态度，不断增强化解风险和矛盾的能力，努力争取到最好的结果。要努力做到"准确识变、科学应变、主动求变，善于在危机中育先机、于变局中开新局，抓住机遇，应对

---

[1] 《全面提升平安中国建设水平 不断增强人民群众获得感幸福感安全感》，《人民日报》2020年11月12日。

[2] 《深入学习坚决贯彻党的十九届五中全会精神 确保全面建设社会主义现代化国家开好局》，《人民日报》2021年1月12日。

[3] 习近平：《之江新语》，浙江人民出版社2007年版，第53页。

挑战"①。加强战略思维，不断提高前瞻性思考能力，观大势、谋全局。习近平总书记反复强调，战略思维能力对一个国家、一个政党的事业具有根本性的意义。习近平总书记指出："战略上判断得准确，战略上谋划得科学，战略上赢得主动，党和人民事业就大有希望。"②习近平总书记的战略思维，要求广东立足于全局来处理安全问题。习近平总书记教育全党要"树立大局意识，从全局角度、从整体上、从大局上看问题"③。因此，建设更高水平的平安广东一定要从全局出发，从平安中国出发，建设平安广东示范高地。习近平总书记指出："越开放越要重视安全，越要统筹好发展和安全，着力增强自身竞争能力、开放监管能力、风险防控能力，炼就金刚不坏之身。"④"更高水平"的平安广东建设，必须凝聚社会主义核心价值观，警惕西方不良势力的干扰破坏。

进入新时代以来，国际局势出现了新变化，新的霸权主义和强权政治有所抬头，网络安全、金融安全等非传统安全问题与传统安全问题彼此交织在一起。国内的改革发展稳定面临各种各样的挑战，社会的主要矛盾呈现出新的变化。针对国内外安全形势的变化，习近平总书记从新的国家发展的战略高度出发，提出了一系列顺应新时代发展潮流、符合新时代发展的安全思想，对平安中国建设做出了一系列富有成效的安全战略决策和部署，形成了具有总体性和时代性的总体国家安全观。

新时代要以人民安全为宗旨。以人民安全为宗旨是新时代的新提法，

---

① 《中共中央关于制定国民经济和社会发展第十四个五年规划和二〇三五年远景目标的建议》，《人民日报》2020年11月4日。

② 习近平：《在纪念邓小平同志诞辰110周年座谈会上的讲话》，人民出版社2014年版，第19页。

③ 中共中央宣传部：《习近平总书记系列重要讲话读本》，学习出版社、人民出版社2014年版，第178页。

④ 《习近平在经济社会领域专家座谈会上的讲话》，《人民日报》2020年8月25日。

主要是因为人民是国家的核心组成部分，保障人民安全是国家安全工作的应有之义，以人民安全为宗旨是党的宗旨的具体表现；同时，人民作为国家的主人，维护国家安全必须依靠人民。习近平总书记指出："国家安全工作归根结底是保障人民利益，要坚持国家安全一切为了人民、一切依靠人民，为群众安居乐业提供坚强保障。"①习近平总书记提出的以人民安全为宗旨是立党为公、执政为民的政治底色在国家安全上的深刻体现，是党的宗旨的深刻体现，是党的先进性质的本质要求，既集中体现了总体国家安全观的安全理念，同时也表明了实现和维护国家安全的为民情怀。

新时代要以政治安全为根本。政治安全事关国家的政治体系安全与稳定，事关党的执政，与国家和民族的发展前途息息相关。政权和主权作为国家政治的核心，国家的政权是否稳定直接决定了党的生死存亡，主权是否遭到破坏直接关系到国家的前途命运，两者是国家政治安全的基本前提和重要基础。新时代对于国家政权和主权安全面临的内外双重挑战，一定要始终坚持和巩固无产阶级专政，坚持中国共产党的领导以确保国家政权的稳固和不变质，在国家和社会治理方面建立健全防范预警的综合机制，坚决防范"颜色革命"，坚决反对霸权主义与强权政治，绝不允许任何国家插手中国的内政。

新时代要以经济安全为基础。经济安全是整个国家安全中的一个重要领域，是保证国家安全的重要基础。习近平总书记在国家安全的论述中多次提到经济建设是建设社会主义现代化的基础，强调经济安全的重要地位并高度重视维护经济安全。由于经济制度是社会主义制度的基础，所以国家的经济安全是国家总体安全的基础，维护经济制度的安全是维护国家经济安全的有力抓手，破坏和否定经济制度就是在破坏国家的经济基础，使

---

① 《习近平谈治国理政》第2卷，外文出版社2017年版，第382页。

得国家的经济安全得不到保证，因此必须要坚决维护经济制度的安全。

新时代要以军事、文化、社会安全为保障。军事安全是维护国家安全的最后底牌，文化安全关系到党和国家的未来发展，是国家安全的灵魂，社会安全事关人民群众生活的方方面面和社会的安定有序，三者有机结合共同构成了习近平总体国家安全观的保障。军事安全在传统国家安全观中位于最重要的位置，是整个国家安全体系的有力支柱，军事安全在国家安全中占有不可替代的地位，其与国家安全的其他领域相互联系、相互影响，为其他各领域安全提供了重要保障，同时又以其他各方面安全为基础。文化作为文明永续的血脉，对一个国家和民族具有重要的意义和价值。现如今，国家之间的竞争不再是单纯的物质方面的硬实力较量，而是已经变成以文化软实力为基础的软硬实力相结合的综合国力竞争，这就使得不同思想文化之间的交流越来越密切，一些别有用心的国家利用文化交流的机会趁机对我国思想文化进行渗透。因此，维护和实现文化安全不仅仅是建设社会主义文化强国的重要抓手，而且还是提高国家文化竞争力的重要抓手，是维护国家安全不可或缺的重要方面。在中国发展和稳定相互促进，两者都是硬道理，这说明了社会的和谐稳定与经济的发展同等重要，社会是否稳定直接事关社会主义现代化建设的成败。习近平总书记强调，确保国家安宁和社会稳定是非常紧要的大事，这表明国家安全是中国特色社会主义事业发展前进的基础和保障，而社会安全稳定又是国家安全的前提。

新时代要以网络安全为重点。网络技术的发展对一个国家的发展及人民生活至关重要，因此网络安全是国家安全的关键。在信息化时代，网络技术作为一把"双刃剑"，一方面，互联网的快速发展深刻地影响着人们的生活习惯，为人们的衣食住行创造了便利，可以说网络发展正在造福全人类；另一方面，由于网络的普及性和渗透性，一些别有用心的个人、组织和国家利用网络技术正在损害全人类的共同利益，全球范围内的网络威胁和风险日益突出。习近平总书记指出："在信息时代，网络安全对国家安全牵一发而动全身，同许多其他方面的安全都有着密切关系。"[①]因此，保证网络领域的安全是实现国家安全的关键。

新时代要以国际安全为依托。国家的发展不仅仅需要一个安稳的国内环境，同时还需要一个重要的外部环境；因此，必须要实现国际安全。中国坚持通过走和平的道路来促进世界安全，这符合国家的根本利益。国际安全是一个国家存在的重要外部保障，没有安全的外部环境，中国自身安全也难以为继。坚持促进国际社会的共同安全，既符合中国的根本利益和现实需求，又满足了世界各国人民的和平心愿。习近平总书记指出："实现我们的奋斗目标，必须有和平国际环境。没有和平，中国和世界都不可能顺利发展；没有发展，中国和世界也不可能有持久和平。"[②]因此，促进国际安全是中国实现自身安全与发展、维护世界和平与繁荣的现实选择。

习近平总书记指出："各地区各部门主要负责同志要落实好平安建设领导责任制，履行好维护一方稳定、守护一方平安的政治责任。"[③]平安广东建设必须坚持党的领导、政社共治、部门协作、分层治理、区域合作等方向，凝聚起平安广东建设的强大合力。习近平总书记指出："要善于把党的领导和我国社会主义制度优势转化为社会治理效能，完善党委领导、政府负责、社会协同、公众参与、法治保障的社会治理体制，打

---

① 中共中央党史和文献研究院：《习近平关于总体国家安全观论述摘编》，中央文献出版社2018年版，第173页。

② 中共中央党史和文献研究院：《习近平关于总体国家安全观论述摘编》，中央文献出版社2018年版，第258页。

③ 习近平：《论坚持全面依法治国》，中央文献出版社2020年版，第247页。

造共建共治共享的社会治理格局。"①党的十八大以来，习近平总书记多次对广东工作发表重要讲话、作出重要指示，为广东改革发展定向导航、注入动力。习近平总书记对广东系列重要讲话、重要指示蕴含着丰厚的情怀和智慧，是习近平新时代中国特色社会主义思想在广东的具体化，是马克思主义文献的光辉篇章。"刚刚过去的2023年，是全面贯彻党的二十大精神的开局之年，是三年新冠疫情防控转段后经济恢复发展的一年。习近平总书记亲临广东视察，殷切寄望广东锚定强国建设、民族复兴目标，围绕高质量发展这个首要任务和构建新发展格局这个战略任务，在全面深化改革、扩大高水平对外开放、提升科技自立自强能力、建设现代化产业体系、促进城乡区域协调发展等方面继续走在全国前列，在推进中国式现代化建设中走在前列。"②广东要时刻理解把握习近平总书记对广东的期望，深刻把握习近平新时代中国特色社会主义思想蕴含的立场观点方法，奋力推动省委"1310"具体部署落地见效。

---

① 习近平：《论坚持全面依法治国》，中央文献出版社2020年版，第247页。

② 《政府工作报告——2024年1月23日在广东省第十四届人民代表大会第二次会议上》，《南方日报》2024年1月27日。

第一章

政治安全：平安广东建设的根本

　　安全是一个国家的根本利益，更是一个国家赖以生存和发展的基础。全球化发展给世界不同国家和地区带来发展机遇的同时，国家安全的内容也在发展，非传统安全的地位不断上升，但最基础、最根本的国家安全便是政治安全。政治安全包括国家主权、政权体系、社会制度、意识形态等方面的安全，在平安广东建设中居于首要地位和最高层次。习近平总书记指出，"以政治安全为根本"①，"政治安全是国家安全的根本"②，没有政治安全，便没有一切，失去政治安全，也就意味着即将失去一切，平安广东建设的重点只有立足于建设高质量的政治安全，才能确保高水平推进中国式现代化广东实践的稳步推进。

 一　政治安全是平安广东的根本保障

　　政治安全是国家安全的基础，对国家政治稳定至关重要，如果政治安全得不到保障，国家安全也就无从谈起，"平安"二字更是难以保证。习近平总书记站在总体国家安全的大局上重点论述了国家政治安全建设的重要性。习近平总书记明确指出："必须清醒地看到，新形势下我国国家安全和社会安定面临的威胁和挑战增多，特别是各种威胁和挑战联动效应明显。"③政治安全是国家安全的根本性要素，对一个国家的社会、经

---

① 《习近平谈治国理政》第1卷，外文出版社2018年版，第201页。
② 《习近平谈治国理政》第3卷，外文出版社2020年版，第218页。
③ 中共中央党史和文献研究院：《习近平关于总体国家安全观论述摘编》，中央文献出版社2018年版，第6页。

济、文化、军事等各个领域安全与否发挥着决定性和影响性的作用。它的影响程度大，涉及领域众多，是一个国家生存发展的先决条件。如果没有政治安全，国家的领土和主权就无从谈起；如果没有政治安全，人民民主专政的国家政权就无法得以保障；如果没有政治安全，社会主义的发展方向就无法保证。因此，确保政治安全事关中国特色社会主义事业的兴衰成败，是贯彻落实总体国家安全观的头等大事，确保政治安全是稳定政局、建设平安广东的前提。

（一）安全事关人类发展的基础

马克思指出："全部人类历史的第一个前提无疑是有生命的个人的存在。"①人作为生命体的客观存在，在不断变化发展的客观生存环境中，物质生产的安全意识也在不断地深化和发展。"一当人开始生产自己的生活资料，即迈出由他们的肉体组织所决定的这一步的时候，人本身就开始把自己和动物区别开来。人们生产自己的生活资料，同时间接地生产着自己的物质生活本身。"②马克思所指出的这种生产意味着人在维护安全的生产生存环境中并不是被动者，而是展现出了人的这种主体的主动性，人们在创造人类历史过程中，也在不断地维护物质资料生产的安全环境，由于生产力发展的不同，人类在不同的社会发展阶段也呈现着不同的安全需求和安全内容。

在原始社会中，人类所面临的安全问题主要来自和自然环境的抗争，如防范洪水等自然灾害以及猛兽等侵害，为保障人的生存和繁衍，这个时期人们的首要任务是抱团抵御洪水野兽的侵袭，通过简单分工和协作，制造武器进行自我与群体保护，栖居洞穴（巢穴）以及搭建房屋保障安全，

---

① 《马克思恩格斯文集》第1卷，人民出版社2009年版，第519页。
② 《马克思恩格斯文集》第1卷，人民出版社2009年版，第519页。

这些都是为了满足个体生存的需要，就像恩格斯所谈的"用石墙、城楼、雉堞围绕着石造或砖造房屋的城市，已经成为部落或部落联盟的中心；这是建筑艺术上的巨大进步"[①]。随着人们对世界认识能力和改造能力的发展，私有制—阶级—国家的产生，此刻的安全就不再限定于个人或小群体的范畴了，而是上升到维护统治阶级自身利益的国家安全，才能保证更广的类存在的人的安全问题，也就是说安全不限定在生命安全和财产（财物）安全，而是更广地涵盖了政治、经济、文化、军事、外交等多方面的安全，特别是军队的出现，代表着人类的安全问题晋级到更高层次。在区域一体化与经济全球化的双重影响下，"人类命运休戚与共，各国利益紧密相连，世界是不可分割的命运共同体"[②]。我们人类遇到了共同面对的问题——环境、生态、金融、公共卫生等领域的安全，这些问题造成的危害程度不低于战争所引发的危害程度。

因此，不论我们人类社会进步到怎样的高度，安全始终都是一个关乎人类基本生存与发展的根本性问题。中国特色社会主义进入新时代，美好生活的内涵更加丰富，美好生活的领域更加广阔，广大中国人民对美好生活的期待更高，平安广东的高质量建设就是保障广东更高质量的发展的必由之路。

（二）政治安全事关中国特色社会主义事业的兴衰成败

首先，只有巩固党的执政地位，维护我国的政治安全，才能确保中国特色社会主义不走形、不变样。政治安全的影响因素非常多，但排在第一位的便是政权安全和制度安全，习近平总书记强调，维护政治安全"最

---

① 《马克思恩格斯文集》第4卷，人民出版社2009年版，第182页。

② 《习近平外交演讲集》第2卷，中央文献出版社2022年版，第293页。

根本的就是维护中国共产党的领导和执政地位"①。新时代国内形势愈来愈复杂，国际局势风起云涌，世界百年未有之大变局与中华民族伟大复兴战略全局之间的深度耦合带来了无限机遇的同时，也给我们带来了巨大的风险挑战。确保政权安全，维护我国的政治安全，是我们党作为执政党的首要任务。"旗帜鲜明讲政治是我们党作为马克思主义政党的根本要求。"②西方敌对势力和敌对分子在分化和西化策略引导下，对我国进行的破坏活动未曾停止。随着信息技术的发展，这种破坏活动越发隐匿，严重威胁着我国的社会稳定和社会主义事业的总体发展。在这样的世情国情之下，习近平总书记明确指出"全党必须自觉在思想上政治上行动上同党中央保持高度一致"③，"提高科学执政、民主执政、依法执政水平"④，增强抵御和化解"四个风险"的能力，进一步夯实和巩固党的执政地位，确保党始终发挥"总揽全局、协调各方"的领导核心作用。因此，我们要充分认识到捍卫中国共产党的执政地位，确保党的执政安全，是维护我国政治安全的应有之义，是在党的正确领导下建设平安广东的核心要义。

其次，坚持中国特色社会主义制度，维护我国的政治安全，才能确保中国特色社会主义事业稳步发展。"制度好可以使坏人无法任意横行，制度不好可以使好人无法充分做好事，甚至会走向反面。"⑤邓小平同志关于制度的思考，让我们清晰地看到制度环境对人的影响和对社会发展的影响有多大，习近平总书记强调："我们的事业越前进、越发展，新情况新问题就会越多，面临的风险和挑战就会越多，面对的不可预料的事

---

① 《习近平著作选读》第1卷，人民出版社2023年版，第289页。
② 《习近平著作选读》第1卷，人民出版社2023年版，第51页。
③ 《习近平著作选读》第1卷，人民出版社2023年版，第452页。
④ 《习近平著作选读》第1卷，人民出版社2023年版，第266页。
⑤ 《邓小平文选》第2卷，人民出版社1994年版，第333页。

情就会越多。"①坚持制度安全是政治安全的核心内容，社会主义制度是中国发展的根本制度保障。西方敌对国家以"人权"为由，公开在国际社会中质疑我国的根本政治制度，肆意捏造和歪曲事实真相，不断抹黑我国国际形象；他们假以"人权"之手公然试探我国底线，挑拨我国的国际交往关系。对此，我们"绝不能放弃中国政治制度的根本"②，"在实际工作中，必须坚持和完善支撑中国特色社会主义制度的根本制度、基本制度、重要制度"③，要始终坚持人民代表大会制度，始终坚持马克思主义的指导地位，坚持"两个结合"，坚持走自己的道路，及时采取措施防范化解风险，维护我国的政治安全。我国是一个多元一体的多民族国家，地域广阔、人口众多是我国的基本国情，坚持中国共产党领导下的多党合作制和民族区域自治制度等基本制度是"两个结合"的伟大成果，如果我国的政党制度遭到敌对势力的攻击或者在建设中国特色社会主义伟大过程的运行中出现问题，我们的政权必然会遭遇风险。我国的政党制度有效地调节了中国共产党和其他民主党派的执政与参政之间的关系并且充分激发极大的活力，使得参政党在推动中国式现代化建设过程中发挥着重要作用。坚持中国特色社会主义制度，稳定国家政治局面，才能为中国式现代化发展、平安广东建设提供稳固的制度保障。"我们治国理政的本根，就是中国共产党的领导和我国社会主义制度。"④历史和实践深刻表明，只有始终坚持和不断改善党的领导、始终坚持和不断完善中国特色社会主义制度，始终坚持和不断赋予社会主义新的生机活力，才能引领着中国特色社会主义伟大事业从一个胜利走向另一个胜利。

---

① 《习近平著作选读》第1卷，人民出版社2023年版，第81页。
② 《习近平著作选读》第1卷，人民出版社2023年版，第262页。
③ 《习近平著作选读》第2卷，人民出版社2023年版，第286页。
④ 《习近平谈治国理政》第3卷，外文出版社2020年版，第165页。

（三）政治安全事关化解社会主要矛盾、建设平安广东

尽管当今国内国际环境极为复杂，主权安全的维护日益复杂，西方的遏制、逆全球化浪潮的威胁、意识形态斗争的层出不穷，各种不确定性和不稳定性因素明显增加，更多安全因素干扰着广东高质量发展的实现，但是摆在我们面前的首要任务就是冷静地分析、应对新矛盾和新挑战，以更高水平、更高质量的平安广东促进广东省高质量发展的伟大事业。在党的十九大报告中，习近平总书记指出："我国社会主要矛盾已经转化为人民日益增长的美好生活需要和不平衡不充分的发展之间的矛盾。"[①]政治安全为中国共产党和国家集中精力化解新时代社会主要问题、推动经济高质量发展奠定了坚实的政治基石。

进入新时代，"我国社会主要矛盾的变化是关系全局的历史性变化"[②]，预防政治安全风险以化解和消除社会主要矛盾，确保政治安全，"避免各领域风险产生交叉感染，防止非公共性风险扩大为公共性风险、非政治性风险蔓延为政治风险"[③]。习近平总书记明确指出，我们要在众多风险中清醒明确把握政治安全的首要位置，以稳定的政治环境化解社会主义发展中的社会主要矛盾。"党和人民事业能不能沿着正确方向前进，取决于我们能否准确认识和把握社会主要矛盾。"[④]准确把握社会主义社会主要矛盾是马克思主义政党的天生禀赋，也是全面理解政治安全建设的重要维度。社会主要矛盾作为在一定的历史阶段中客观存在与人发展状况在矛盾发展形态链上的具体表征，必然体现着一定的风险信息，承载着社

①　《习近平谈治国理政》第3卷，外文出版社2020年版，第9页。
②　《习近平谈治国理政》第3卷，外文出版社2020年版，第9页。
③　《习近平谈治国理政》第3卷，外文出版社2020年版，第97页。
④　《习近平谈治国理政》第4卷，外文出版社2020年版，第30页。

会稳定、人民安居乐业与否的重要信号。把握党的政治安全导向，坚持人民至上理念，才能准确把握社会主要矛盾。社会主要矛盾在时代的演进中逐步更新、梯度递进，中国共产党在化解社会主要矛盾过程中为政治安全建设积蓄力量，历史上每一时期，党化解和解决社会主要矛盾都不断地为政治安全建设能力的跃升积蓄巨大能量，理论优势、实践优势、制度优势、力量优势等也在不断孕育升华。

新时代，满足人们的美好需求是中国共产党和国家长期为之不懈奋斗的目标，需要党和国家以及全体人民群众同心戮力、共同奔赴。化解社会主要矛盾首先必须维护政治安全，确保稳定有序的政治局面，进而维护人民的权益，为解决社会矛盾奠定强有力的政治保障以及创造稳定、健康、和谐的发展大环境；化解社会的主要矛盾，需要在党的正确领导下，科学把握政治、经济、社会、文化的发展规律，不断破除各发展领域中不充分、不平衡的现象，在党和国家以及全体人民群众的共同努力下最终实现全面发展。我国社会主要矛盾中的"不平衡、不充分"内蕴人民日益增长的安全需要与不平衡不充分的安全供给之间的现实问题。"深刻认识我国社会主要矛盾发展变化带来的新特征新要求，深刻认识错综复杂的国际环境带来的新矛盾新挑战，增强机遇意识和风险意识，准确识变、科学应变、主动求变，勇于开顶风船，善于转危为机。"①习近平总书记指出，解决社会主要矛盾就在于增强"四个意识"，不断提高政治判断力、政治领悟力、政治执行力，最大限度维护国家和人民的利益。因此，政治安全在实然维度是实现化解社会主要矛盾的重要经验，在应然维度是保障人的全面自由发展的使命要求。

---

① 《习近平著作选读》第2卷，人民出版社2023年版，第328—329页。

▼二 政治安全的广东辉煌

政治安全是国家安全的根基，社会稳定是国家强盛的前提。新时代以来，广东省坚决贯彻习近平总书记、党中央的决策部署，坚持统筹发展和安全，全力防风险、保安全、护稳定、促发展，平安广东、法治广东建设取得显著成效。

（一）坚定不移忠诚拥护"两个确立"，坚决做到"两个维护"

新时代以来，广东始终坚持以习近平新时代中国特色社会主义思想为指导，始终全面贯彻党的十九大、二十大精神，始终深入贯彻习近平总书记对广东系列重要讲话和重要指示精神，始终认真贯彻落实党中央、国务院的决策部署，把落实习近平总书记重要指示批示精神作为全省核心工作，以实际行动忠诚拥护"两个确立"，坚决做到"两个维护"。过去五年，广东全面贯彻落实党中央关于"疫情要防住、经济要稳住、发展要安全"的重要要求，坚定不移地开展疫情防控，推进稳住经济一揽子政策措施的落实工作，聚焦"国之大者"，强化政治安全建设，着力服务保障建设粤港澳大湾区、深圳中国特色社会主义先行示范区和推进横琴粤澳深度合作区建设、前海深港现代服务业合作区建设、广州南沙深化面向世界的粤港澳全面合作等重大国家战略。"过去五年，我们推进全面从严治党，开展'不忘初心、牢记使命'主题教育和党史学习教育，严格执行省委坚决落实'两个维护'十项制度机制，持续深化'大学习、深调研、真落实'，深刻领悟'两个确立'的决定性意义，增强'四个意识'、坚定'四个自信'、做到'两个维护'。我们隆重庆祝中国共产党成立100周年、新中国成立70周年、改革开放40周年、深圳经济特区建立40周年，极大激发全省上下团结奋斗、砥砺前行的磅礴力量。我们坚持向省人大及其常委会报告工作，向省政协通报情况，办理省人大代表建议4228件、省政协提案3610件。我们扎实推进法治政府、服务型政府、廉洁政府建设，政务服务效能进一步提升。"①广东在政治安全等平安广东建设方面取得辉煌成就，向党和人民交出了满意的答卷。

（二）坚定不移推进党的自我革命，保持党的先进性和纯洁性

习近平总书记指出："要兴党强党，保证党永葆生机活力，就必须实事求是认识和把握自己，以勇于自我革命精神打造和锤炼自己。"②自我革命是党防范政治风险的超强基因，是中国共产党政治安全建设的经验彰显。自我革命是马克思主义政党最鲜明的政治品格。习近平总书记指出："勇于自我革命，从严管党治党，是我们党最鲜明的品格。"③为有效防范化解在改革开放的深水区中的政治风险，就必须坚定不移推进党的自我革命，以保障政治安全。在中国式现代化的进程中面临前所未有艰巨任务的重大考验挑战，就必须加强党的领导；只有通过全面从严治党促进党的自我革命，增强驾驭风险的能力，从而保证政治安全建设。"坚决维护党中央权威和集中统一领导，把党的领导落实到党和国家事业各领域各方面各环节，使党始终成为风雨来袭时全体人民最可靠的主心骨。"④有

① 《2023年1月12日广东省省长王伟中在广东省第十四届人民代表大会第一次会议上作政府工作报告》，广东省人民政府门户网站2023年1月18日。
② 《习近平著作选读》第1卷，人民出版社2023年版，第578页。
③ 《习近平谈治国理政》第3卷，外文出版社2020年版，第20页。
④ 习近平：《高举中国特色社会主义伟大旗帜　为全面建设社会主义现代化国家而团结奋斗——在中国共产党第二十次全国代表大会上的报告》，人民出版社2022年版，第26页。

了党的坚强领导，中国式现代化建设就更加团结统一，更加有生命活力。习近平总书记指出："原因就在于党敢于直面自身存在的问题，勇于自我革命，始终保持先进性和纯洁性，不断增强创造力、凝聚力、战斗力，永葆马克思主义政党本色。"①2022年，全省纪检监察机关坚持"第一议题"，加强党的政治建设。广东省第十三届纪律检查委员会第二次全体会议工作报告指出：始终坚持惩治腐败不动摇、不停步；始终坚守党章和宪法赋予的职责，坚持原则、敢于斗争，克服疫情带来的困难，立案审查调查3.4万件，处分2.7万人，移送检察机关审查起诉1096人；立案审查调查省管干部63人、处级干部1630人；追回外逃人员104人，其中"红通人员"6人、监察对象22人，追回赃款4.1亿元。②积极协助兄弟省区市纪检监察机关来粤开展审查调查取证等工作，为全国反腐败斗争大局作出广东贡献。马克思指出："只有在革命中才能抛掉自己身上的一切陈旧的肮脏东西，才能胜任重建社会的工作。"③广东省纪委监委坚决铲除重点领域腐败毒瘤，制定广东省纪委监委关于严重违纪违法案件涉案人员处置办法，依纪依法处置以不正当手段取得的财产性利益，查处多次行贿、巨额行贿、向多人行贿等行为，全省移送检察机关审查起诉涉嫌行贿犯罪人员304人。④所有这些，为广东形成风清气正的政治生态创造了条件，为平安广东建设作出积极贡献。

---

① 《习近平谈治国理政》第4卷，外文出版社2022年版，第32页。
② 《坚定不移深入推进全面从严治党 为广东在全面建设社会主义现代化国家新征程中走在全国前列创造新的辉煌提供政治保障 ——在中国共产党广东省第十三届纪律检查委员会第二次全体会议上的工作报告（2023年1月17日）》，南粤清风网2023年3月2日。
③ 《马克思恩格斯选集》第1卷，人民出版社2012年版，第171页。
④ 《坚定不移深入推进全面从严治党 为广东在全面建设社会主义现代化国家新征程中走在全国前列创造新的辉煌提供政治保障 ——在中国共产党广东省第十三届纪律检查委员会第二次全体会议上的工作报告（2023年1月17日）》，南粤清风网2023年3月2日。

（三）铸牢立党兴党之基，构建理想信念制度化长效化机制

习近平总书记指出："中国共产党之所以叫共产党，就是因为从成立之日起我们党就把共产主义确立为远大理想。"①新时代新征程上，理想信念淡薄或丢失，就会动摇政治根基，进而影响政治安全。习近平总书记指出："对马克思主义的信仰，对社会主义和共产主义的信念，是共产党人的政治灵魂，是共产党人经受住任何考验的精神支柱。"②理想信念是全体中国人民团结一致，奋力推进中国式现代化的风向标。如果失去理想信念的引领，中国特色社会主义伟大事业的建设就可能失去方向。党员干部的政治信仰和信念至关重要，没有对马克思主义的信仰和对共产主义的信念，肯定会动摇执政之基。党员干部的政治信仰和信念不可缺失，否则就会失去对中国特色社会主义道路的信心，动摇执政方向，从而危及政治安全。

2022年以来，广东加强对"关键少数"监督，运用"四种形态"批评教育。省委开展第31个全省纪律教育学习月活动，广东省纪委监察委编印严重违纪违法县（市、区）党委书记、年轻干部忏悔录，全省拍摄警示教育片125部。制定《广东省纪委监委关于督促召开以案促改专题民主生活会的办法》，全程督导21个地级以上市、122个县（市、区）党委全覆盖召开专题民主生活会，并延伸至省直单位、省管企业和省管高校，坚决纠治懒政怠政。全省纪检监察机关派驻机构立案4861件，处分3845人。③坚定不移落实中央八项规定精神，坚持风腐一体化治理，深化整治群众身

---

① 《习近平谈治国理政》第2卷，外文出版社2017年版，第34页。

② 《习近平著作选读》第2卷，人民出版社2023年版，第106页。

③ 《坚定不移深入推进全面从严治党 为广东在全面建设社会主义现代化国家新征程中走在全国前列创造新的辉煌提供政治保障——在中国共产党广东省第十三届纪律检查委员会第二次全体会议上的工作报告（2023年1月17日）》，南粤清风网2023年3月2日。

边腐败和不正之风。全省查处享乐主义、奢靡之风问题2592个，处分3095人；查处形式主义、官僚主义问题1394个，处分1918人；查处群众身边腐败和作风问题5379个，处分6943人；查处涉黑涉恶腐败及"保护伞"934人，处分779人。①

广东在确保政治安全上，积极作为，要求广大党员干部必须坚定理想信念，守住安身立命的根本。广东着力弘扬新风正气，挖掘岭南文化中的廉洁元素，用好广东红色资源，加强新时代廉洁文化建设，铸牢立党兴党的根基。

（四）高质量发展化解社会主要矛盾，政治安全建设再上新高度

从发展的角度来透视广东政治安全建设的主要经验，是平安广东政治安全建设研究的重要维度。"每一历史时代的经济生产以及必然由此产生的社会结构，是该时代政治的和精神的历史的基础。"②物质基础是政治安全得以保障的现实前提，政治安全是政治交往发展到一定阶段时的必然产物，确保在政治交往过程中的政治安全必然要求提升防范和化解政治风险的能力。广东省委、省政府在党中央的正确领导下，深刻把握这一核心，将发展作为化解社会主要矛盾和政治安全建设的充要条件。

自党的十九大以来，广东始终坚持"稳中求进"的工作总基调，完整、准确、全面贯彻新发展理念，不断推进经济实力的大步跨越。最近五年，广东省地区生产总值从2018年的9.73万亿元，2019年的10.77万亿

---

① 《坚定不移深入推进全面从严治党 为广东在全面建设社会主义现代化国家新征程中走在全国前列创造新的辉煌提供政治保障——在中国共产党广东省第十三届纪律检查委员会第二次全体会议上的工作报告（2023年1月17日）》，南粤清风网2023年3月2日。

② 《马克思恩格斯文集》第2卷，人民出版社2009年版，第9页。

元，2020年的11.07万亿元，2021年的12.43万亿元，上升为2022年的12.91万亿元，五年跨过3个万亿元级台阶；2022年广东省地方财政一般预算收入达1.33万亿元，地方财政一般预算支出1.85万亿元（其中地方财政公共安全支出1380.90亿元、地方财政教育支出3871.14亿元、地方财政社会保障和就业支出2153.96亿元、地方财政医疗卫生支出2081.25亿元）；全体居民人均可支配收入47065元（比2021年增加2072元，比2018年增加11255元），全体居民人均消费支出32169元（比2021年增加580元，比2018年增加6115元）；2022年城镇单位就业人员达到2066.6万人，市场主体总量突破1600万户，五年净增608万户，其中企业超过700万户，占全国1/7，进入世界500强企业达17家，五年增加6家。三次产业比重调整为4.2∶41.1∶54.7，先进制造业和高技术制造业增加值占规模以上工业比重分别提高到55%、29.5%，金融业增加值达1.15万亿元，现代服务业增加值占服务业比重达65.9%。①广东经济结构持续优化，发展质量和效益不断提升。

2022年以来，广东大力倡导担当作为、干事创业的鲜明导向，全力促进政府系统转作风、提效能，推动形成心无旁骛谋发展、凝心聚力抓落实的良好局面。广东省委省政府下沉一线、靠前服务，认真落实省领导同志定点联系市县、省市工作对接等机制，深入21个地级以上市逐个对接，"一市一策"帮助基层破解瓶颈难题。广东省委省政府打破常规、创新机制，率先建立重大项目并联审批机制和驻京工作组，通过集中办公、上下联动，显著提升项目审批、要素保障和问题协调效率，促进项目快落地、快建设、快投产、快见效。广东省主动谋划、积极争取，抓住国家给予广东省1150亿元政策性开发性金融工具"大礼包"的重大机遇，以超常规举

---

① 数据来源：国家统计局网站。

措特事特办，仅用1个月时间就签约项目273个，总投资1.8万亿元，并在11月底前全部开工，创造了新时代广东速度，为广东发展注入了新的强大动力。[①]广东以雄厚的经济实力和强大的科技生产力化解和消除高质量发展过程中社会主要矛盾问题，正在以崭新的面貌，构建政治安全广东与提速平安广东建设。

▼三 平安广东建设高质量的政治安全

平安，是民之所盼；政治安全，是发展之基。2022年广东全省人民群众安全感创历史新高，对政法工作和平安建设的满意度居全国前列，在广东省委省政府与广东全省人民的共同努力下书写着绚烂无比的"中国之治"广东篇章。党的十九大报告指出："人民美好生活需要日益广泛，不仅对物质文化生活提出了更高要求，而且在民主、法治、公平、正义、安全、环境等方面的要求日益增长。"[②]"美好生活需要"是在党的正确领导下中国特色社会主义建设事业的深入基础上，我国人民生活需求实现正增长、多样化的有力证明，也是人民群众的诉求。满足人民群众对安全感的美好需要，必须坚持以人民为中心的新发展理念，坚持政治安全的核心地位，在共建共治共享中不断推进更高水平的平安广东建设。

（一）继续推进自我革命，永葆政治安全建设的生机活力

第一，忠诚拥护"两个确立"，坚决做到"两个维护"，淬炼维护政

---

① 《2023年1月12日广东省省长王伟中在广东省第十四届人民代表大会第一次会议上作政府工作报告》，广东省人民政府门户网站2023年1月18日。
② 《习近平谈治国理政》第3卷，外文出版社2020年版，第9页。

治安全的思想武器。党对思想自我净化所形成的政治安全建设能力之所以能够成为锐利的思想武器，是因为我们党始终以"坚持真理、坚守理想"为精神原点，始终以"践行初心、担当使命"为精神动力，始终以"不怕牺牲、英勇斗争"为精神特质，始终以"对党忠诚、不负人民"为精神旨归的建党精神为政治安全建设提供了丰沃的精神滋养。中国共产党人始终以马克思主义真理指引政治安全建设方向，凝聚起敢于战胜一切风险挑战的信心和决心；中国共产党人始终坚守"为中国人民谋幸福，为中华民族谋复兴"的建党初心与使命，建构起打不破、冲不垮的政治防线，在全党全军全国各族人民的共同努力下创造"四个伟大成就"；中国共产党人始终以"坚守不怕牺牲、英勇斗争"的政治勇气，练就了"踏平坎坷成大道"的斗争本领，以"不信邪、不怕鬼、不怕压"①的底气、志气、骨气应对来自国内国外的各种政治风险挑战，中国共产党始终遵循"对党忠诚、不负人民"的精神旨归，在市场经济的各种诱惑下立场坚定，在各种考验中无所畏惧，始终忠诚拥护"两个确立"，坚决做到"两个维护"，构筑坚固的思想防线，确保政治安全。

第二，加强组织先进性和纯洁性建设，完善组织发展，凝聚政治安全建设的支撑力量。增强组织定力，破解发展困局，各级党组织是加强政治安全建设的基本力量，党对组织的自我完善形塑马克思主义政党所具有的强大行动力和执行力。从党的百年历程明确展现了党组织的自我革命、自我完善，为增强党的组织力、行动力提供了强大的力量支撑。新时代党的组织建设成为政治安全质量的重要衡量标准，政治安全意识能否入脑入心，总体国家安全机制能否顺利运行，都取决于党的组织建设，取决于广大党员的政治定力和开拓进取的奉献精神。聚焦组织建设，党的十九届四

---

① 《习近平著作选读》第1卷，人民出版社2023年版，第23页。

中全会全面地对党的领导制度体系进行了设计，立足党内生态进行制度的自我革新，强调全面从严治党，系统性为党塑造了政治安全建设的组织保障和制度保证。

（二）强化"五大思维"，建构政治安全的科学思维能力

第一，掌握辩证思维，统筹安全与发展的相互关系。政治安全的平安广东建设最根本的目的就是处理好"安全"和"发展"。安全是发展的基础，"发展是安全的目的"[①]，实现高质量发展和高质量政治安全的良性互动是"经济快速发展"和"社会长期稳定"的现实写照。政治安全和经济发展是相互促进的有机统一体，是中国式现代化进程的一体两翼，只顾安全不敢创新，"发展"就不知从何谈起，一旦"发展"不好了，"安全"也就失去了最坚实的物质保障；只求"发展"，而无视"安全"进行盲目创新，"安全"就如镜中水月；"安全"不足，"发展"也就失去了最稳定的政治保障。所以，要以辩证思维全面把握好安全与发展的辩证关系，打破"非此即彼"的思想困局。

第二，强化系统思维，全面落实总体国家安全观。新时代新征程，建设平安广东是一个系统而又缜密的工程，必须培育和强化系统思维，始终坚持总体国家安全观为导向，全面维护国家总体安全，坚定政治安全核心理念。系统思维是中国共产党在百年的政党建设和社会主义实践中总结提炼的宝贵经验，在我国开启以中国式现代化实现中华民族伟大复兴中国梦的新征程上，要以系统的思维全面审视传统安全和非传统安全的内容发展更加丰富、形式更加复杂多样、领域更加广泛所带来的机遇和挑战。平安广东建设就是一个总体安全的广东，高质量的政治安全全程地贯穿在中国

---

① 《习近平外交演讲集》第1卷，中央文献出版社2022年版，第365页。

式现代化的广东实践之中，系统维护好发展过程中政治意识、政治需要、政治内容、政治活动的安全，系统维护好广东发展过程中涉及国家主权、政权、社会制度、意识形态等重点领域的安全。系统思维，强调整体与局部的辩证。围绕中国式现代化建设中心任务，广东省委明确"锚定一个目标，激活三大动力，奋力实现十大新突破"的"1310"具体部署，是紧跟习近平总书记、奋进新征程的坚定态度和郑重宣示，是把握大局、顺应规律、立足实际的科学布局，是推进中国式现代化广东实践的施工图、任务书。

第三，坚持底线思维，提高防范政治安全风险、化解政治安全威胁的能力。"坚持底线思维和风险意识"[①]就是在各种不确定性因素面前能够站稳立场、把住脉搏，看得清、看得透、看得准，把握各种不确定性因素，变被动为主动；在各种潜在风险面前能够冷静镇定、提前预判，抓得准、抓得牢、抓得紧各种潜在风险的关键之所在，在这个过程中把握住主动权，变不利为有利，努力争取最好的结果。建设高质量的平安广东，实现广东的高质量发展，就必须坚守底线思维，增强防范和化解政治安全风险与矛盾的能力，做到习近平总书记所要求的"准确识变、科学应变、主动求变，洞察先机、趋利避害。要加强战略谋划，把握大势大局，抓住主要矛盾和矛盾的主要方面，分清轻重缓急，科学排兵布阵，牢牢掌握斗争主动权。要增强底线思维，定期对风险因素进行全面排查"[②]，把广东长治久安和长远发展有机结合起来，以高质量政治安全保障广东高质量发展。

第四，树立战略思维，提高政治安全思考力和执行力。"战略上判断得准确，战略上谋划得科学，战略上赢得主动，党和人民事业就大有希

① 《习近平著作选读》第2卷，人民出版社2023年版，第177页。
② 《习近平谈治国理政》第4卷，外文出版社2022年版，第80页。

望。"①战略思维是一种整体性和前瞻性的思维方法，建设高质量平安广东，我们要立足国家的全局谋划中整体设计平安广东的假设布局，立足政治安全，着眼世界百年未有之大变局和中华民族伟大复兴战略全局，统筹好局部与整体的辩证关系，把握政治安全的战略重点，锚定"走在前列"总目标，增强前瞻意识，提高对未来的预判能力，加快建设更高水平的平安广东。

第五，加强国际思维，强化政治安全意识，化解西方不良思潮影响。"越开放越要重视安全，越要统筹好发展和安全，着力增强自身竞争能力、开放监管能力、风险防控能力，炼就金刚不坏之身。"②随着经济全球化的不断深入与发展，人类更趋一体化进程，人类命运与共。但是，随着世界区域经济发展不平衡和西方社会治理活力不足，全球性安全问题层出不穷，霸权主义、保护主义、单边主义、逆全球化的做法不断展现，这些非但无法保障国家安全，并且会成为全球安全发展的隐患与牵绊。广东作为改革开放的前沿，必须加强全球思维，发挥窗口作用、试验作用、排头兵作用，在确保政治安全的前提下积极融入全球经济发展大潮中。建设更高水平的平安广东，必须始终坚持对外开放的基本国策，着力服务保障建设粤港澳大湾区、深圳中国特色社会主义先行示范区，推进横琴粤澳深度合作区建设、前海深港现代服务业合作区建设、广州南沙深化面向世界的粤港澳全面合作等一系列重大的国家战略部署，努力在全面建设社会主义现代化国家新征程中走在全国前列、创造新的辉煌，以高质量发展的广东实践扎实推进中国式现代化。

---

① 《习近平著作选读》第1卷，人民出版社2023年版，第252页。
② 《习近平著作选读》第2卷，人民出版社2023年版，第331页。

（三）坚持法治引领，平安广东建设高质量政治安全

第一，完善政治安全机制保障体系，建设高水平的平安广东。体系的建立建成是一个循序渐进的过程，总体国家安全观的提出到体系的形成需要在现实的安全建设过程中不断完善。在平安广东建设的实践过程中，政治安全机制保障体系的完善需要重点把握预警和研判两大机制，这是在治理风险社会的经验借鉴中衍生的。首先，预警机制内含监测与预警。政治安全监测，是对国家政治安全境遇的科学分析和量化研究，以发现问题、研究问题、解决问题为抓手，从而提供策略方法；政治安全预警，是通过技术手段借助量化分析，总结预判发展趋势，为可能发生的事情相应做出符合科学化、逻辑化的描述。政治安全预警机制是维护政治安全的基础机制，能够对政治风险进行系统评估，进而助力平安广东的建设。其次，完善政治安全研判机制。以先进的科技为中介，建构起科学合理的符合逻辑的研判标准，厘清政治、经济、社会、文化等安全差异，建立起全方位的研判程序，通过对信息研判准确把握政治风险的生发逻辑和动机，把握政治风险的发展趋势，为政治安全建设提供方向坐标。

第二，完善政治安全协同保障体系，建设高质量的政治安全。政治安全不只是中国共产党的重要任务，也是全社会各阶层都需要高度重视的焦点问题，由于政治安全建设涉及范围广、任务重、幅度大，需要建设防范政治风险能力相配套的协同保障机制，这样才能确保政治安全建设顺畅有效。首先，需要建构多元一体的协同机制，以法治引领政治安全发展，通过立法的形式明确政治安全建设的各主体权利和义务，法治引领带动各主体建立系统治理网格，形成多元合力，促进平安广东建设。其次，建构多中心协同机制，全面调动社会、学校、家庭、企业等多方共同抵御政治风险，助力政治安全建设，维护国家安全，发展绿美广东。

第三，强化政治安全制度"三力"，建设高质量平安广东。政治安全制度"三力"指的是诠释力、衔接力和执行力，体现的是法治"行"的维度。首先，诠释力关系到广大党员干部和人民群众"知"的权利。如果广大党员干部和人民群众不明，一定会影响到政治安全制度的执行。所以，我们要从法律文本出发，更好地解释说明，加快政治安全理论研究诠释的进程，使政治安全、平安广东的具体内容和要点让广大党员干部和人民群众所认同，从而生发出维护政治安全的自觉。其次，强化政治安全制度的衔接力。处理好党内法规与国家法律的结合，两者都是在宪法的基础上产生的合宪性法规，维护政治安全的法律法规必须在宪法所规定的范围内产生和体现法的意志，自觉将宪法精神融入政治安全制度的执行全过程。最后，强化政治安全制度的执行力。所有的法最终要回归到社会之中，如果政治安全相关制度落实不好，一切都是空中楼阁，平安广东建设更是纸上谈兵。

历史镌刻了中国共产党政治安全的建设轨迹，奋斗绘就着中国共产党管控政治安全风险能力建设的恢弘篇章，时代大潮奔涌推动着平安广东建设的向上蓬勃发展。维护政治安全是中国式现代化过程中加强重点领域安全的重中之重，淬炼高超的防范和化解政治安全风险能力是建设好平安广东的核心抓手，平安广东建设高质量政治安全是增进民生福祉的"使命必然"。

第二章

社会安全：平安广东建设的保障

社会安全是极为重要的民生，亦是社会健康有序发展的最基本环境。自党的十八大以来，以习近平同志为核心的党中央多次强调社会安全和社会稳定的重要性，并在党的二十大报告中首次以专章的形式将"推进国家安全体系和能力现代化，坚决维护国家安全和社会稳定"①写入大会报告。在全面建设社会主义现代化的新征程上，广东省自觉地担负起推进中国式现代化建设的广东使命，认真贯彻落实党的二十大精神，深入学习贯彻习近平总书记关于平安建设的重要论述和视察广东重要讲话、重要指示精神，落实省委"1310"具体部署，对新起点上建设更高水平的平安广东进行全面部署、推动落实；紧紧围绕着"把广东建设成为全国最安全稳定、最公平公正、法治环境最好的地区之一"的目标，坚持统筹发展与安全，全力防风险、保安全、护稳定、促发展，在民族复兴的新征程上，推动中国式现代化的广东实践行稳致远，以此续写平安中国的广东新篇章。

 一　社会安全是平安广东建设的重要内容

习近平总书记指出："国家安全是民族复兴的根基，社会稳定是国家强盛的前提。必须坚定不移贯彻总体国家安全观，把维护国家安全贯穿党和国家工作各方面全过程，确保国家安全和社会稳定。"②社会安全是国家富强、人民安居乐业的前提条件。社会安全是平安广东建设的重要内

①　《习近平著作选读》第1卷，人民出版社2023年版，第43页。
②　《习近平著作选读》第1卷，人民出版社2023年版，第43页。

容。安全与稳定是相互依存、相得益彰的关系，在安全中谋稳定，在稳定中求安全。社会安全是地区发展建设的前提，也是地区发展建设的必由之路。平安广东建设以社会安全为重要内容，以不断深化对平安广东建设规律特点的认识为动力，牢牢把握建设更高水平的平安广东的正确方向，始终坚持党的领导，始终坚持以人民为中心，始终坚持法治思维，始终坚持改革创新，着眼总体国家安全观的新要求，争做平安中国建设的排头兵。

社会安全是兴旺发达的前提，是平安广东建设的重要保障。习近平总书记指出："国家安全和社会稳定是改革发展的前提。只有国家安全和社会稳定，改革发展才能不断推进。"[1]国泰民安是人民最基本、最殷切的愿望，没有社会的安全和稳定，就没有经济的发展和国家的强盛。社会安全是人民安居乐业的基础，也是国家兴旺发达的前提和重要表现。古代的文景之治、开元盛世、永宣盛世、康乾盛世都是在安全稳定的社会环境中开创出来的。新中国成立后，中国开启了较长时段的和平建设期。中国用四十多年的时间走完了西方国家两百年的工业化历程，让中国一跃成为世界第二大经济体，广东也从一个相对落后的农业省一跃成为中国第一经济大省，也是在安全稳定的社会环境中建立起经济发展的优势，从而为实现中华民族伟大复兴奠定坚实的物质基础。中国特色社会主义全面进入新时代以来，我国面临着一个社会环境更加复杂、充满各种风险的发展形势，平稳安定成为重中之重，因此，建设更高水平的平安广东不仅是推进中国式现代化的广东实践的必然要求，更是续写"两大奇迹"广东新篇章的必然要求。

越是伟大的事业越充满风险与挑战，同时也越需要安全稳定的社会环境。新中国成立70多年来，特别是改革开放40多年取得的伟大成就告诉

---

① 《习近平著作选读》第1卷，人民出版社2023年版，第172页。

我们：社会安全稳定是推进发展的前提和条件。没有社会的安全稳定，就没有国家的长治久安和繁荣富强，改革与发展也就成为无源之水、无本之木。广东省地处改革开放的前沿阵地，为发挥广东省改革开放的先头兵、实验区的示范作用，要深刻认识建设更高水平的平安广东的历史方位，清醒看到广东统筹外部安全和内部安全、传统安全与非传统安全、线上安全与线下安全面临的复杂严峻挑战，把握大局大势、坚定底线思维、增强忧患意识，以"时时放心不下"的责任感，着力防范化解各类风险，以更高的标准夯实社会安全稳定的基石，把维护国家安全、社会安全贯穿广东发展的全过程各方面，牢牢把握工作主动。要深刻把握建设更高水平的平安广东的目标任务，突出"大平安"格局，坚持全领域的系统谋划、全体系推进、全手段运用，在更高起点上高标准谋划推进平安广东建设各项工作，以高水平安全保障高质量发展，以坚决守好守牢"南大门"。

社会安全是重要的民生，是平安广东建设最基本的发展环境。习近平总书记强调："平安是老百姓解决温饱后的第一需求，是极重要的民生，也是最基本的发展环境。"①社会安全是人民群众最根本的利益所在。民足则国富，民安则国安。社会安全事关人民切身利益，充分解决民生问题，人民的生活诉求得到满足，把各种社会矛盾化解在萌芽状态之中，民生福祉方能持续提升，社会环境方能平安祥和，国家方能长治久安。奋力推进更高水平的平安广东建设，要不断深化对平安广东建设规律的认识，正确认识民生与社会建设、社会稳定、社会安全之间的关系，以更好地把握民生工程建设的动力、方式。要始终坚持"以人民为中心"，把人民群众的所需所想作为平安广东建设的风向标，抓好民生工程，以暖民心、惠民生等务实举措，全方位地提升人民群众的获得感、安全感、幸福感。要

---

① 中共中央文献研究室：《习近平关于社会主义社会建设论述摘编》，中央文献出版社2017年版，第148页。

始终坚持整体思维，各市、区、县统筹发展，加强各级单位之间民生工程建设工作的联动联通，展现平安广东建设的澎湃活力。

社会安全是现代化顺利推进的重要保障。从人类社会形态更替的角度看，任何社会都存在生产力和生产关系的矛盾，现代化的转型带动了经济的发展，提高了人民的生活水平，但新的经济秩序的形成不可避免地影响传统的经济秩序，从而产生复杂的社会矛盾。在这一意义上，社会矛盾的产生是不可避免的，任何社会都是在矛盾中发展起来的。所以，问题的关键是如何应对现代化转型带来的社会问题。从中国特色社会主义现代化建设历程看，中国共产党在开辟中国式现代化道路过程中创造了"社会长期稳定"的奇迹，为中国式现代化建设提供了稳定的社会环境。"新中国成立七十年来，我们党领导人民创造了世所罕见的经济快速发展奇迹和社会长期稳定奇迹，中华民族迎来了从站起来、富起来到强起来的伟大飞跃。"[①]新中国成立以来特别是改革开放和党的十八大以来，党带领中国人民历经考验，迎难而上、开拓进取，社会生产力得到极大的释放，经济实力和综合国力显著增强，社会长期稳定，开创了社会主义现代化建设的两大奇迹，同时也为中国式现代化建设奠定了坚实的物质基础和社会保障。历史的发展经验表明，社会的长期稳定是中国式现代化建设过程中创造伟大奇迹的重要前提。

切实增强维护社会安全的能力，是更好解决中国式现代化建设新征程新时代社会安全突出问题的迫切需要。伴随着中国改革开放进入深水区，当前所面临的社会安全问题的复杂程度明显加大，对平安广东建设而言，其建设的着力点在于不断增强维护社会安全稳定的能力，以更具包容性、柔韧性的方式，在发展、改革与秩序、稳定之间寻找动态平衡，从而为广

---

① 中共中央党史和文献研究院：《全面建成小康社会重要文献选编》（下），人民出版社、新华出版社2022年版，第1126页。

东省现代化的建设营造更具活力、有序、和谐、稳定的发展环境，在中国式现代化建设中开创平安广东新局面。新的起点，广东加快更高水平的平安广东建设，要深刻认识建设更高水平的平安广东是推进中国式现代化的广东实践的必然要求，要更加自觉地扛起护一方平安、保一方稳定的当代政治责任，以更有力的举措推动平安广东不断走深走实，在更高起点上推进平安广东建设的各项工作，以广东安全有序更好支撑中国式现代化建设的大局。

二 平安广东建设的社会安全防控经验

平安广东建设归根结底就是要维护人民的安全，铸牢人民群众稳定的生活环境。广东省坚持以习近平新时代中国特色社会主义思想为指导，深入贯彻落实习近平总书记关于平安建设的重要论述，围绕保障现代化建设，锚定走在前列的总目标，为在新起点上建设更高水平的平安广东进行全面部署。2023年，广东"倾情倾力实施'民生十大工程'，人民生活品质稳步提升。坚持财力向民生倾斜、向基层倾斜，民生类支出占一般公共预算支出比重保持在七成，基层'三保'底线兜实兜牢，省政府承诺的十件民生实事全部兑现"①。在平安广东建设过程中，广东省突出"大平安"理念，构建"大安全"格局，把平安建设融入经济社会发展全局一体谋划、整体推进，取得显著成效。2021年，中央对广东省群众进行安全感调查，群众感到"安全"和"比较安全"的高达98.15%，相比较2017年的安全感提高了6.19%。在2021年中央政法委对各省的平安建设考评中，

---

① 《政府工作报告——2024年1月23日在广东省第十四届人民代表大会第二次会议上》，《南方日报》2024年1月27日。

广东省排名全国第二位。广东省入选全国首批法治政府建设示范地区（项目）数量居全国首位。《中国互联网发展报告2023》数据显示，广东网络安全指数全国第一。根据2022年网民网络安全满意度调查活动《广东区域报告》，广东网民网络安全感提升，58.93%的受访广东网民对我国网络安全治理状况满意，高于全国水平。

（一）夯实平安广东建设体系，守护社会安全

广东省在平安广东建设中，始终坚持党的领导，彰显平安广东建设底色。党的十八大以来，广东省全面贯彻落实习近平总书记关于平安建设的重要论述，把平安广东建设放在经济社会发展全局中谋划推进。广东省委清醒地看到广东统筹外部安全和内部安全、传统安全与非传统安全、线上安全与线下安全所面临的复杂挑战，把握大局大势、增强忧患意识，把握平安广东建设目标任务，突出"大平安"格局。

加强思想建设，不断健全制度体系。广东省委在坚持贯彻落实习近平总书记关于平安建设的重要论述中，把握平安广东建设的方向。广东省委通过《中共广东省委关于深入学习贯彻习近平总书记重要讲话重要指示精神奋力在推进中国式现代化建设中走在前列的决定》《中国共产党广东省第十三届委员会第三次全体会议决议》。全省各地各部门要深入学习贯彻习近平总书记关于平安建设重要论述精神，按照省委"1310"具体部署，加快推进平安广东建设工作体系和能力的建设，各地各有关部门把平安广东建设摆在突出位置，全力防风险、保安全、护稳定、促发展，持续打造全国最安全稳定、最公平公正、法治环境最好的社会安全地区之一。不断完善健全制度体系，出台《广东省平安建设条例》，成为全国首批完成平安建设专门立法的省份之一。省委、省政府印发《关于加快推进社会治理现代化建设平安广东的意见》《"十四五"平安广东建设规划》《广东省

加快推进社会治理现代化"十四五"规划》。同时，以贯彻执行《中国共产党政法工作条例》为抓手，推动省、市、县三级建立完善的平安广东建设制度体系，把平安社会建设落到实处。

完善组织领导机制，为更高水平的平安广东建设提供保证。广东省委要求全省各级党政部门把平安广东建设作为重大政治任务，落实党政主要负责同志第一责任人的责任，成立了由党委主要负责同志任组长的平安建设领导小组，省、市、县上下联动，整合资源力量，镇（街）探索建立平安广东建设协调运作机制，形成在省、市、县、镇、村五级联动的组织机制。在平安广东建设过程中，各级平安建设领导小组统筹协作，形成平安广东建设的合力，各地各有关部门狠抓政法队伍建设，切实提高政治能力，落实"重点个案交办督办""领导包案""一案一策"等措施，最大限度将矛盾和风险化解于无形，从而形成以一地一域的平安保障全省稳定大局的平安建设模式，切实把党的政治优势、制度优势转化为平安广东建设的强大效能。

扫黑除恶与打击"保护伞"并举，巩固形成风清气正的社会安全生态。广东省始终对黑恶势力违法犯罪保持重拳出击、依法严惩态势。广东政法网（2022年4月22日）显示，2018年至2021年，广东共打掉涉黑组织305个、恶势力犯罪集团1227个，查封冻结扣押涉案资产700多亿元，彻底打击了黑恶罪犯的嚣张气焰，有力摧毁了黑恶势力的经济基础。"打蛇打七寸"，只有坚决查处涉黑涉恶腐败，严肃惩治放纵包庇黑恶势力甚至充当"保护伞"的党员干部，才能彻底根除黑恶势力。2018年至2021年，广东共起诉涉黑恶案件4367件20530人，法院审结4594件20078人，深挖彻查"关系网""保护伞"，共立案查处涉黑涉恶腐败和"保护伞"人员9993人，给予党纪政务处分7393人，移送检察机关处理1534人，进一步巩固形成风清气正的社会生态。

（二）构建"网格化"管理体系，践行社会安全"枫桥经验"

近年来，广东坚持和发展新时代"枫桥经验"，全面提升社会安全治理社会化、法治化、智能化、专业化水平，助力实现"小事不出村、大事不出镇、矛盾不上交"。当前，广东正全力构建"1+6+N"（"1"指综治中心，"6"指综合网格及法院、检察院、公安、司法等基层政法力量和"粤平安"社会治理云平台等信息化支撑平台，"N"指其他综合力量）基层社会安全治理工作体系，夯实解决矛盾纠纷终点站的基础。乡镇（街道）作为"一站式"矛盾纠纷调处"主战场"，以综治中心为枢纽，以综合网格为单元，以"粤平安"社会治理云平台为支撑，整合法院、检察、公安、司法行政等基层力量，不断夯实社会安全建设根基。

据统计，为方便群众反映问题，进一步畅通诉求表达渠道，为群众提供更多优质高效服务，自广东省公安厅开启"平安厅"小程序以来，全省累计办理群众来信12.1万封，答复率100%，办结率97.6%，为解决群众"急难愁盼"问题3.9万个，根据群众提供线索破案件5549起，①以"小信箱"撬动"大平安"，生动谱写线上+线下联通的广东公安新时代的"枫桥经验"；广州为加快构建"综合中农信+综合网格+最小应急单元+智能化"工作体系，搭建"枫桥e站"平台，积极探索"枫桥经验"在互联网时代的实践路径，发挥互联网法院全流程在线解决纠纷；深圳利用直联直通一体化信息化平台，推动市级部署直达街道社区，加快构建"社区发令、部门执行"机制；汕头构建全区社会安全综合治理统一指挥平台，开发"濠江区网格化信息服务管理平台"，创新打造"云调濠江"品牌，在

---

① 数据来源：广东省公安厅网站。

"1个区级诉前调解中心+7个驻街工作站"的基础上,实现"线上+线下"调裁在全区覆盖,及时把矛盾纠纷化解在萌芽之中;清远切实统一基层社会安全治理关键抓手,打出一套"组合拳",启动"网格化+信息化"基层社会安全治理,实现100%网格化管理全覆盖,实行"一个中心化矛盾"运作模式,完善"镇街吹哨、部门报到"机制,全面支撑"1+6+N"体系的有效运作……广东省各地不断探索创新新时代"枫桥经验",力争实现"小事不出村、大事不出镇、矛盾不上交",推出了不少新经验、好做法。其中,深圳群众诉求"光明模式"、珠海"平安+"指数、汕尾"民情地图"等经验做法在全国获交流推广。

(三)组建"最小应急单元",打通社会安全应急处理"最后100米"

"最小应急单元"是平安广东建设,解决突发应急事件的重要方案。为健全广东省社会治安防控体系,广东省设置了"1分钟自救、3分钟互救、5分钟增援到位"的快反圈,致力于打造"召之即来、来之能战、战之必胜"的最小应急单元防控体系,确保风险隐患防范在前、化解在小、处置在早。

广东省"最小应急单元",打通了应急处理的"最后100米",取得了显著的成果。广州市根据基层场地属性、安保力量及治安复杂性等划定最小安全防范区域,依托"广州街坊"施行编制,形成社会安全治安突发事件先期处理的机制、平台、阵地和队伍——最小应急单元,以实现"1分钟自救、3分钟互救、5分钟增援到位"的应急处理目标。截至2023年12月13日,广州已建成2.3万个最小应急单元,应急处理力量25万人,全市最小应急单元已累计协助公安机关处置突发事件600多起①，以平安"小细胞"织密城市"大安全"。深圳市应急管理局挂牌成立以来，以"系统化、前瞻化、精准化、多元化"为目标，以创建"国家安全发展示范城市"为引领，全面推进十大体系、十大建设。截至2023年11月底，全市共建成应急管理服务站1001个，其中，街道中心站18个，工业园区站704个，大型商超站31个，社区服务站28个，小型站70个，医院站4个……②深圳市应急管理服务站365天24小时值班备勤，努力以"最小"应急单元实现"最大"平安守护。汕头市结合社会治安防控"四个一"体系建设要求，结合"潮汐勤务"机制，开展"点、圈、面"的立体巡防，不断完善"公安+治保+巡逻队+义警"巡防体系和"铺户联防"工作机制，筑牢社会安全治安的"防火墙"……

广东省在基层单位、重点场所、重点部位等搭建起的"最小应急单元"防控体系，形成城市安全最前端的保护网，密织起了超大城市风险防线，有效地打通了突发应急实践的最后100米，确保了重大防风险防控，有力地保障了市民群众的安全感。

（四）以法治力量为抓手，推动社会安全建设迈向新台阶

良法善治是民之所向，法治始终是平安广东建设工作最基本的方式。广东省委、省政府始终坚持用法治思维谋划平安广东的建设，通过全面依法筑平安、宣传法治思维引领法治风尚等方式，致力把广东建设成为全国最安全稳定、最公平工作、法治环境最好的地区之一。如今，法治已经成为广东的一张名片，第三方评估数据显示，近五年，广东群众安全感提高

---

① 数据来源：广东省人民政府网站。
② 数据来源：深圳市应急管理局网站。

了6.19%，[①]在全国首批法治政府建设示范地区（项目）中，广东省入选数量居全国首位。

全面依法筑平安。广东省始终坚持以高质量法治保障社会安全稳定。一方面，广东省委省政府始终坚持用法治思维谋划平安广东的建设，广东聚焦社会治理、营商环境等重点领域立法，先后出台了《广东省平安建设条例》《广东省优化营商环境条例》《广东省群众治安联防组织的规定》《广东省大型群众性活动安全管理办法》……通过相关条例、规定，加强社会安全领域的司法保护，以"小切口""小快灵"立法，推动立法与改革决策相衔接，努力健全广东法治亟须、满足人民安全需要的法规制度。另一方面，用法治方式解决矛盾问题。广东省委省政府始终高度重视法治为民办实事工作，不断完善调解、仲裁、行政裁决、行政复议、诉讼等有机衔接的多元化解纷争机制。广东省打造了以广东法律服务网为核心的7×24小时运转的公共法律服务网络，让人民群众可以随时随地找到法律帮助，将大量社会矛盾纠纷化解在萌芽状态。近四年，广东法律服务网共为群众提供公共法律服务2385万余次。为及时兑现民营企业胜诉权益，广东创新开展"南粤执行风暴"等专项活动，执结案件290.5万件，执行到位5482亿元，2021年执行结案平均用时比2017年缩短28.6%。[②]加强知识产权保护，建设广州知识产权法院、深圳知识产权法庭，近三年来审结知识产权一审案件47.1万件，占全国总数的近三分之一。

宣传法治思维引领法治风尚。广东省为以法治力量推动平安广东建设再上新台阶，周密部署学习举措、广织社会宣传网络，搭建"广东法治文化云赏台"，以此开展法治文化活动。广州市"尊宪诵宪 筑梦远航"的

---

① 数据来源：广东政法网。

② 《广东平安法治建设成绩单：数字技术织密"平安网"，法治赋能新经济新业态》，《21世纪经济报道》2022年4月22日。

"宪法进学校"主题活动、深圳市"宪在行动"宪法宣传周活动、珠海市"国家宪法日"集中宣传活动、汕头市"时光家书·侨批里的法治生活"法治文化宣传活动、惠州市"宪场直击"国家宪法日活动……全省各地以各种方式，在全社会持续开展普法活动，把加强法治宣传教育和推进各层次各领域依法治理结合起来，从而在全省范围形成学法尊法守法用法的社会氛围。

▼三 营造共建共治共享的平安广东社会安全治理新格局

2023年，广东"全力以赴防范化解重大风险，社会大局保持平安稳定。严密防范和严厉打击敌对势力各类渗透颠覆捣乱破坏活动，常态化开展扫黑除恶斗争，依法严惩电信网络诈骗等违法犯罪，深入推进禁毒攻坚行动，社会治安环境持续净化。启动信访问题源头治理三年攻坚，有效化解一批重点领域信访类案和久拖不决的信访积案"[①]。社会安全的平安广东建设新格局基本形成。回首百年历程，党领导人民取得了平安中国建设的历史性成就，创造了社会长期稳定的奇迹，这根源于党在不同历史时期，始终把保持社会安全稳定作为治国理政的重大任务。新时代以来，建设更高水平的平安中国成为新的"赶考之路"的重要任务，广东省在深入推进更高水平的平安中国建设方面，肩负着重大的历史使命。习近平总书记指出："要全面贯彻党的二十大精神，深刻认识国家安全面临的复杂严峻形势，正确把握重大国家安全问题，加快推进国家安全体系和能力现代

---

① 《政府工作报告——2024年1月23日在广东省第十四届人民代表大会第二次会议上》，《南方日报》2024年1月27日。

化，以新安全格局保障新发展格局，努力开创国家安全工作新局面。"[①]
深入推进更高水平的平安广东建设，进一步取得构建新安全格局上的新突破，是广东在推进中国式现代化建设中走在前列的重要保障。围绕平安广东的社会安全建设，要准确把握平安中国的丰富内涵，牢牢把握社会安全这个基本面，持续完善社会治理体系，不断推进社会安全治理的优化与创新，健全共建共治共享的社会安全制度。

持续推进市域社会安全治理现代化，满足人民对美好生活的向往。2018年3月7日，习近平总书记在参加十三届全国人大一次会议广东代表团审议时强调，人民群众什么方面感觉不幸福、不快乐、不满意，我们就在哪方面下功夫，千方百计为群众排忧解难。习近平总书记的讲话为广东持续推进市域社会安全治理现代化提供了根本遵循。营造共建共治共享的平安广东新格局，就是要始终坚持人民至上，牢牢坚持人民主体地位，使平安广东建设充分体现人民意志、保障人民权益、激发人民创造，使改革发展成果由全体人民共享，不断推动实现全体人民共同富裕。站在实现两个一百年的交汇点，面向实现中华民族伟大复兴中国梦的总任务，广东牢记"国之大者"，把握大势，敢于担当，善于作为，着眼于国家长治久安、人民安居乐业、社会安定有序，坚定不移贯彻总体国家安全观，不断完善平安中国建设体制机制，切实落实平安中国建设的各项战略部署，确保平安中国建设的目标任务如期顺利实现，努力让人民群众的获得感成色更足、幸福感更可持续、安全感更有保障。要多谋民生之利，多解民生之忧。坚守底线、突出重点，不断推出新的惠民便民举措，持续完善公共服务体系，加强人文关怀，让人民群众在更公平、更优质、更便捷的社会中过上美好生活，在营造共建共治共享社会治理格局上走在全国前列。

---

① 《加快推进国家安全体系和能力现代化　以新安全格局保障新发展格局》，《人民日报》2023年5月31日。

防范化解社会安全风险和社会矛盾，建立健全社会安全治安防控体系。社会更加安全稳定有序，人民更加安居乐业，是检验更高水平的平安广东建设成效的重要标志。一是坚持维护国家政治安全。要紧紧抓住影响国家政治安全的风险点，以深化维护国家政治安全专项建设为牵引，统筹推进反渗透、反颠覆、反分裂、反恐怖、反邪教、反间谍斗争和意识形态斗争，深入开展维护政治安全专项行动，切实打好维护国家政治安全整体仗、主动仗，坚决守好国家安全"南大门"。二是坚持源头治理，织牢社会安全治安防控体系。要聚焦各类矛盾风险隐患以及人民群众深恶痛绝的各类违法犯罪，健全矛盾风险评估和隐患排查治理等制度机制。要坚持常态化开展扫黑除恶斗争，持续开展反偷渡反走私等专项行动，深入开展"全民反诈"、跨境赌博等专项治理，开展电信网络、交通运输、工程建设等重点行业领域整治，着力加强安全生产、校园安全等领域公共安全风险隐患综合治理，切实加强寄递物流、危爆物品等行业监管，深入排查重大危险源企业、城镇燃气安全隐患，完善健全对问题青少年、社区矫正对象等重点人群服务管理和跟踪帮扶工作，着力健全网络负面舆情监测预警和联动处置机制，努力做到消未起之患、治未病之疾。三是防控化解重大矛盾纠纷，完善正确处理新形势下人民内部矛盾机制。畅通和规范群众诉求表达、利益协调、权益保障通道，加强和改进人民信访工作；构建智能化矛盾纠纷化解体系，实现"智慧调解"系统、"一站式多元解纷"系统，推动矛盾纠纷调处从各部门"单打独斗"向多部门"协同作战"转变。

加强科技赋能社会安全治理，实现社会安全治理的数字化和智慧化。治理数字化转型是推进超大城市治理体系和治理能力现代化的必然要求。主动顺应数字时代发展趋势，协同推进平安广东建设与数字政府转型，打造风险智能管控、隐患动态清零的城市公共安全体系，是广东探索平安中国新格局中走在前列的重要支撑。一是推进数字政府建设。全面推进"智领粤政、善治为民""数字政府2.0"的建设，深入推进政务服务"一网通办"、城市运行"一网统管"，不断提升政务服务水平、省域治理能力、政府运行效能、数据要素市场化配置能力，筑牢可信可控的数字安全屏障，打造数字中国创新发展高地。二是坚持发挥智治支撑作用。在全省各地推动科技赋能社会安全治理的创新实践，聚焦"大平安"理念，在数据融合共享上求突破，依托"一网统管"社会安全建设体系，完善"粤平安"社会治理云平台建设，通过平台深度嵌入AI、大数据、区块链、物联网等技术，实现对公共空间和公共资源的智能化识别、定位和管理，推动现代科技与社会安全建设深度融合，织密智能安防网络，实现"一个平台管平安"。三是提供数字化优质服务。深化"放管服""互联网+行政管理服务"等改革，构建"一网通办"全方位服务体系，充分发挥社会安全线上平台优势，不断推出新的惠民便民举措，为人民群众提供更加优质、高效、便捷的服务产品和体验。

完善基层社会安全治理体系，激发基层社会安全治理的动力与活力。习近平总书记指出，治国安邦重在基层，党的工作最坚实的力量支撑在基层，最突出的矛盾和问题也在基层，必须把抓基层、打基础作为长远之计和固本之举。聚焦基层社会安全综合治理的复杂性，一是坚持和发展新时代"枫桥经验"。强化基层社会安全治理力量，深化网格化服务管理，立足于预防、调解、法治、基层，做到预防在前、调解优先、运用法治、就地解决，最大限度把矛盾纠纷化解在一线、问题解决在基层、隐患消除在萌芽。二是打造社会安全治理共同体。基层工作最好的办法就是依靠人民群众，发动人民群众。要健全基层党组织领导的、充满活力的基层群众自治机制，发展壮大群防群治力量，促进社区基础设施共建共享、矛盾纠纷共商共调、治安秩序共治共管，打造人人有责、人人尽责、人人享有的社会安全治理共同体，画好基层社会安全共治同心圆，铺就一座座沟通党心民心的连心桥。三是创新社会安全基层工作方式。要从健全制度、落实责任、搭建平台、科技支撑入手，建构完善群众诉求服务体系，创新"社区发令、部门执行"机制，强化"三级负责制"和公众监督，改变传统"层层汇报、领导发令、逐级下压"的低效处理方式，变"群众上访"为"干部下访"，不断夯实平安广东建设的社会安全基层基础。

扎实推进法治政府建设，全面提高社会安全治理的法治化水平。法治是平安建设的重要保障，营造共建共治共享社会安全治理格局，必须要通过法治的社会安全治理，最大程度实现常规机制的治理。一是坚持立法与时俱进。要根据实践发展需要，对涉及社会安全稳定、社会安全治理的法律法规及时进行修订完善，使之更加符合我国国情、符合人民意愿、符合社会安全治理规律。二是做到执法宽严并济。对危害社会安全的各类违法行为依法准确适用行政处罚、行政强制等措施，既严肃追究违法行为人的行政法律责任，防止违法行为因得不到及时纠治而发展为社会危害更大的犯罪行为，又要坚持刑法的谦抑性，准确把握罪与非罪、轻罪与重罪的界限，严惩严重犯罪，对较轻犯罪少捕慎诉慎押，最大限度节约执法资源、化解社会矛盾、促进社会和谐，努力实现案件办理政治效果、法律效果、社会效果有机统一。三是维护司法公平正义。坚持程序正义和实体正义并重，贯彻罪刑法定、疑罪从无、证据裁判等原则，依法审理危害人民群众生命财产安全的各类违法犯罪案件，确保案件经得起法律和历史检验。全面准确落实司法责任制，推进以审判为中心的诉讼制度改革，加快建设公正高效权威的社会主义司法制度，有效保护当事人合法权益，努力让人民群众在每一个司法案件中感受到公平正义。四是注重守法以文化人。弘扬社会主义法治文化，坚持以文化人、以文育人，深入开展法治宣传教育，增强全民法治观念。创新法治宣传教育内容、方法、手段，努力使办事依法、遇事找法、解决问题用法、化解矛盾靠法成为全体公民的思想自觉和行动自觉，为平安中国建设营造良好法治氛围。

当前，面对世界百年未有之大变局，我国发展进入战略机遇和风险挑战并存、不确定难预料因素增多的时期，各种"黑天鹅""灰犀牛"事件随时可能发生，维护国家安全和社会安全稳定的任务十分艰巨。2024年，广东要"维护社会大局平安稳定。坚定不移贯彻总体国家安全观，深化反渗透、反颠覆、反恐怖、反分裂、反邪教斗争，坚决守好政治安全'南大门'。推进常态化扫黑除恶斗争，严厉打击涉枪涉爆、严重暴力、电信网络诈骗、涉未成年人等突出违法犯罪，持续整治毒品问题，大力维护网络安全，加强网络空间治理，全面净化社会治安环境。坚持和发展新时代'枫桥经验'，促进各类调解协调联动，推进信访工作法治化，全面提升城乡社区治理效能。深化法治建设'四级同创'，健全现代公共法律服务体系，打造更多岭南特色普法品牌"①。要对标对表中央和省委部署要求，贯彻总体国家安全观，统筹发展和安全，着力防范化解影响社会安全稳定和经济发展的各类风险隐患，加快建设更高水平的平安广东。以更高标准抓好平安广东建设重点工作，纵深推进法治广东、法治政府、法治社会一体化建设，不断提升平安广东建设体系和能力现代化水平。要以更高格局筑牢安全稳定屏障，坚持把本区域、本系统、本行业领域平安广东建设与业务工作同谋划、同部署、同推进、同落实，持续激发全社会共建共治共享热情，共同谱写平安广东建设新篇章，助力平安中国建设迈向更高水平。

---

① 《政府工作报告——2024年1月23日在广东省第十四届人民代表大会第二次会议上》，《南方日报》2024年1月27日。

第三章

经济安全：平安广东建设的基础

广东地处"两个前沿",在地理位置上是"交汇处",在文化上是"交融处",在意识形态领域是"交锋处",易得风气之先,也易首当其冲,在维护好国家安全和社会稳定方面责任重大、使命光荣。党的十八大以来,广东深入贯彻习近平新时代中国特色社会主义思想和习近平总书记对广东系列重要指示批示精神,坚持以经济安全建设作为抓手,为全省各项事业发展提供强大动力,经济社会发展取得突出成就。

一 经济安全是平安广东建设的源头活水

2023年,广东"坚持实体经济为本、制造业当家,现代化产业体系建设取得重要进展。制定高质量建设制造强省的意见,推动出台制造业高质量发展促进条例,大力实施'五大提升行动',扎实推进新型工业化。实施'大产业'立柱架梁行动,提质壮大8个万亿元级产业集群,加快把新能源、超高清视频显示、生物医药、高端装备制造等打造成新的万亿元级、5000亿元级产业集群"①。广东经济在平稳中继续高质量发展,确保经济发展的安全稳定。经济安全作为一个专门问题进入人们视野始于20世纪60年代末。事实上,在20世纪70年代以前,经济安全常常位列政治安全和军事安全之后,或被视为二者的附庸。由第一次石油危机爆发引发的世界经济明显停滞,使得经济安全的重要性有所提升。直至20世纪90年代初,冷战结束使得经济安全在国家安全中的地位进一步上升,人们开始将

---

① 《政府工作报告——2024年1月23日在广东省第十四届人民代表大会第二次会议上》,《南方日报》2024年1月27日。

目光投向经济安全。经济全球化纵深发展给世界各国经济发展带来前所未有的机遇和挑战，经济安全问题日益突出并逐渐成为政策、产业、学界和研究领域所关注的热点话题。

经济安全具有丰富的内涵和外延，通常来说，它主要包括三层含义：第一，牢固掌握本国经济主权和经济命脉，自主决定本国经济制度、发展战略、自然资源利用和主要经济活动的权利不受侵犯，确保国家根本经济利益不受损害。第二，对外来说，经济发展具有抵御风险和危机可控的能力。对内来说，保证国内经济平稳运行和健康、可持续发展。第三，国家具有较强的经济竞争力、资源能源保障能力、危机管理能力和参与制定国际经济规则的能力。

从涵盖的领域来看，经济安全涉及的领域比较广泛，主要是指金融、产业、粮食和能源等重大经济领域的安全。因为这些重大经济领域更容易形成安全风险洼地，从抓主要矛盾的唯物辩证法思想来看，抓住这些重大领域的安全问题不松手，也就抓住了经济安全的主要问题和主要矛盾。

其中，金融安全是经济安全的核心。经济发展中风险程度最高的领域就是金融领域。金融资本具有流动灵活性、广泛性和脆弱性等特性，想要实现金融的绝对安全并不现实。加之金融衍生品渗透性极强，一旦某个衍生环节出现问题就会造成连锁反应，实体经济和虚拟经济都会受到冲击，甚至恶化为经济危机与社会危机。因此，金融安全在经济安全中至关重要。

产业安全是经济安全的核心。在相互依赖的全球经济体系中，要实现本国的产业安全，就需要强大的产业控制能力。而强化产业控制力，提高一国的产业安全水平，则需要系统优化产业链、供应链和价值链，并使三者形成保障产业安全的合力。其中，产业链则强调分工水平和生产能力，供应链强调经济循环过程中的连接程度，价值链强调在全球贸易体系中的附加值差异。产业链、供应链和价值链，分别从不同的角度，折射出开放经济体在全球经济中的综合地位。维护产业安全，就是要打造较长产业链，孕育出更富多样性的行业；保障供应链的完备性、稳定性和及时响应速度，保障企业经济活动的可循环和可持续；保持产业处于价值链高段，把握住产业链的关键节点。产业安全事关国计民生，能够为经济安全提供重要支撑，是一国经济发展质量的重要体现。

粮食和能源安全是经济安全的基础。粮食非一般商品，而是战略物资和政治手段。粮食安全历来是头等大事，这个问题要是处理不好，政治安全和军事安全问题就可能接踵而至。习近平总书记指出，我们要牢牢守住粮食安全底线。资源是财富的来源，水、煤、石油、天然气、风能和核能等资源和能源是经济发展不可或缺的自然物质。抓住了资源安全，就抓住了经济安全的命脉。

面对世界百年未有之大变局，虽然"中国号"这艘巨轮仍然处在重要战略机遇期，但威胁和风险也在空前加剧。作为总体国家安全观的基础，经济安全呈现出前所未有的丰富内涵。经济发展能否兼顾安全，使得更为安全的发展贯穿国家发展各领域和全过程，对于我国实现全面建成社会主义现代化强国的第二个百年奋斗目标意义重大。

在传统国家安全模式中，政治和军事安全居于首要位置，经济安全为政治安全的实现提供综合国力支持，为军事安全的保障提供装备和资源补给。随着和平与发展成为时代主题，经济发展水平成为衡量国家竞争力的核心指标，国家间的较量转战经济领域。与此同时，随着经济全球化和国际贸易的深入发展，贸易摩擦、经济危机和制裁时有发生，贸易战争一触即发，对各国经济安全产生威胁。由此，经济安全在国家安全中的重要性不断攀升。经济安全得不到保障，其他领域的安全就缺乏实现的物质基础。基于此，习近平总书记指出，经济安全是国家安全的基础。经济发展是解决一切问题的关键，要充分认识和尊重经济安全的基础地位。

经济安全作为最具政治基本价值的安全，是国家安全的基石。事实上，国家安全是一个不可分割的整体，每个安全领域各有侧重，密切关联，牵一发而动全身。习近平总书记深刻论述了总体国家安全观的"五大要素"：以人民安全为宗旨，以政治安全为根本，以经济安全为基础，以军事、文化、社会安全为保障，以促进国际安全为依托。这五个方面共同构筑起国家安全体系的整体架构，奠定了中国特色国家安全道路的基本取向。经济安全不仅本身在理论和实践深层次上难以把握，而且又与其他安全领域密不可分，需要应对多类并存的安全问题外溢。新冠疫情全球大流行对我国国民经济正常运行造成重大冲击，带来巨大损失，便是这一点的明证。而美国近年来掀起对华科技"脱钩"潮，采取各种方式限制中外科技交流合作，试图从根源上抑制我国科技创新能力的发展，威胁我国科技安全，这必然也会对经济安全造成影响。此外，诸如日本核污水排海事件引发的生态安全风险、不断爆发的地区冲突引起资源供应安全等风险，都将直接影响我国经济安全。由此可见，各领域的潜在风险极易产生蝴蝶效应，危及我国经济安全。因此，应将经济安全放在基础性地位，怎么强调都不为过。

此外，总体国家安全观视角下中国经济安全保障问题具有鲜明的人民性。中国经济安全保障立足马克思主义群众史观，旗帜鲜明提倡"人民安全"，将人民安全作为中国特色国家安全道路的核心价值。当前经济发展面临的如优化收入分配结构、扎实推动共同富裕、打好关键核心技术攻坚战、强化反垄断和防止资本无序扩张等重大问题，本质上都是为解决新时代中国社会主要矛盾，将人民利益作为我国国家安全工作的根本目的，这正是中国经济安全保障有别于国外的最大亮点。

改革开放以来，广东经济获得前所未有大发展。进入新时代，站在新的历史起点，面临新的问题和挑战。当前，外部环境复杂性明显上升，国际大环境带来的外部冲击经济风险趋升，发达国家与我国经贸博弈增加，新兴经济体对我国追赶挤占，单边主义带来的逆全球化浪潮开始泛滥，以安全为主导的竞争苗头快速上升。与此同时，我国处在发展模式转型和全方位对外开放的关键期，国内过去长期积累的矛盾风险及新兴的不稳定因素凸显出来。在此大背景下，如何在聚焦"领头羊""火车头"目标，瞄准经济快速发展的同时，坚守经济安全，守好国家经济发展的"南大门"，是新时代广东经济发展的历史使命和重大任务。

二　经济安全促进平安广东建设的实践诠释

（一）巧用税收政策，助力产业升级

经济安全的核心是产业安全，其中产业技术安全又是影响产业安全的核心。广东省在经济发展过程中善用税收政策，使产业技术摆脱低段锁定风险，实现产业技术质态转变。这是切实以经济安全推动平安广东建设的经典诠释。

"深圳被称作中国经济舞台上的常青树、中国特色社会主义的'尖子生'。40年前，中国首批经济特区从这里起步，开始了'当惊世界殊'的历史起航，时至今日，它依然是我国开放程度最高、经济活力最强的城市之一。它的创新能力在全国首屈一指，连续四年被评为国家创新型城市创新能力第一位；它的新质生产力'长势喜人'，新能源、新材料、智能机器人等7个产业集群在2023年实现两位数增长……"①改革开放以来，深圳

---

① 《春风又绿岭之南——写在全省高质量发展大会召开之际》，《羊城晚报》2024年2月18日。

经济经历了从加工、制造到ICT产业链集聚的产业转型升级过程。在历次转型升级中，税收都是积极动因。1980—1993年，深圳实行经济特区税收优惠政策，完成了从加工到制造的升级。20世纪60年代以来，西方国家开始进行产业升级，逐步将劳动密集型产业转移到本国以外工资成本更低的地区。包括香港在内的亚洲"四小龙"成功抓住了这次西方产业转移的机会，集中力量发展以服装、玩具和钟表等为代表的轻工业。1980年，深圳经济特区成立后，基于劳动力供给充足、土地成本低等比较优势，从蛇口工业区开始，承接了香港转移过来的加工业，从而开启了"深圳加工"进程。深圳特区成立之初，大量建设资金只能靠引进外资。为了吸引外资，并鼓励企业承接香港外溢的加工业，不增加企业交易的制度成本，特区秉持"税负宜轻、优惠宜宽、手续宜简"的指导思想，给予"三来一补"企业三年免税期。这大大促进了深圳加工业的快速崛起。此外，在经济特区内生产并销售的免征工商税，吸引了大量外资，促使"深圳制造"迅猛发展。"地产地销"政策一方面为深圳吸引了大批外商和内地企业投资，使得深圳完成资本原始积累的时间大大缩短，为稳步高速发展奠定良好基础；另一方面，这一政策也极大增强了企业自我迭代发展的能力。"地产地销"政策为深圳制造业发展创造了良好的税收环境。深圳市的工业增加值1992年过了百亿元。仅仅用了十多年时间，深圳就完成了从加工到制造的升级转变。

从1994年到2007年，深圳特区落实好"地产地销"等增值税优惠政策，着手推动经济发展从制造迈向"深圳高科技"的健康发展。随着经济的快速发展，深圳面临着水资源和能源、土地和空间等资源紧缺的"四个难以为继"的难题。"腾笼换鸟"，产业升级，成为这一时期深圳特区经济发展的必然选择。过去享受"三来一补"优惠政策的企业占用大量资源，其资源占用率与其经济税收贡献极不匹配。于是，1994年，深圳废止

"三来一补"税收资助。此举释放了大量空间资源和社会公共服务资源，进一步推动深圳向技术密集型产业转型升级。

2008年至今，得益于税收政策的助力，深圳经济完成了从"深圳高科技"向"深圳ICT产业链集聚"的再次转型。拥有完整电子产业链的深圳号称"中国硅谷"。产业集聚形成的基础有赖于规模庞大的高新科技企业形成产业链的上下游。为鼓励包括集成电路和软件在内的ICT产业高新技术企业落户深圳并实现高质量发展，国家制定了相关的税收优惠政策。2016年底，全国高新技术企业10.4万家，广东省1.9万家，其中深圳市则达8037家，占广东省的43%。到2019年，深圳市高新技术企业达1.7万家，还有5万家中小科技企业，实现产值2.6万亿元，增加值9200多亿元，城市GDP占比超过34%。深圳市在利用税收政策培育高附加值的先进产业，促进产业结构升级和高质量发展，从而有效保障地方经济安全方面，做出了表率。

（二）优化知识产权政策，维护经济创新活力

创新是经济高质量安全发展的引擎，而创新驱动与知识产权密切相关。任何国家和地区能够率先克服创新障碍，在创新中拔得头筹，就能够获得竞争优势。各个地区的企业在全球创新市场上竞争，胜出者将收获可观的创新利润。而知识产权政策有助于克服创新过程中的某些障碍，这一点早已为研究和实践所证实。

作为改革开放的排头兵，广东省在知识产权工作上也在全国名列前茅。由中国知识产权发展研究中心发布的《中国知识产权发展状况评价报告》从不同维度对全国知识产权发展情况进行评估。该报告显示，在知识产权行政保护绩效考核、知识产权综合发展指数上，广东连续八年位居全国第一，区域创新综合能力、专利授权量、商标注册量、PCT国际专

利申请受理量、马德里商标国际注册申请量等指标上，广东多年来持续第一。在经济发展过程中，广东企业日益重视借助知识产权相关规定，压缩非法模仿者的生存空间，在保障自身利益的同时谋求快速发展。本地企业知识产权保护意识和运用知识产权能力的提高使得广东在全国经济中的引领地位不断稳固，也进一步拉大了其与其他地区经济发展速度和质量上的差距。

广东知识产权政策主要是从提高知识产权保护效率，减少创新收益的外溢，为创新主体专注于创新活动提供条件来促进广东创新发展和安全发展的。

首先，对于权利人而言，对知识产权进行维权需要付出成本。广东实施了一系列有助于提高权利人维权收益与成本比的知识产权保护措施。其中，提高司法保护力度、提高行政保护效率以及发动公众力量寻找侵权者是三项颇具代表性的做法。而针对关键行业及其重点对象提供专业保护，是广东提高公共维权效率的做法。例如，针对关键行业的重点企业，广东开通企业知识产权保护直通车，对其进行知识产权的专业指导及知识产权纠纷的协调服务。众所周知，重点企业支撑和带动一方经济发展。其知识产权保护意识和运用知识产权相关法律维权的能力事关其企业竞争力和在全球市场中所占的份额。企业运用知识产权的能力越高，其核心竞争力及对地方经济的支撑和带动能力也就越强。此外，广东省有规模庞大的中小企业。在针对重点企业提供专门保护的同时，广东也针对中小企业提供知识产权保护，这无疑有助于推动产业内的持续竞争。例如，针对中小企业建立快速确权和调解机制、建设海外知识产权法律数据库、收集境外维权信息、开展重点出口产品专利预警分析等等。

其次，单一产业知识产权快速维权中心的建立也大大提升了广东知识产权保护效率。在经济发展过程中，产业技术升级缓慢而导致的同质性竞争，企业利润压低是广东曾经遭遇到的一个严峻挑战。广东省企业虽然规模大，数量多，但行业整体竞争力不强。究其原因就在于拥有专利的企业知识产权保护意识薄弱，企业之间相互抄袭，陷入低效竞争，极大削弱了技术创新的动力，从而妨碍了产业的整体升级。针对这一问题，以中山灯饰知识产权快速维权中心为代表的全国最早的针对单一行业的知识产权快速维权中心在广东率先成立。此后，一大批针对其他产业的知识产权快速维权中心相继建立。这些知识产权快速维权中心在助推所服务的产业跳出低水平陷阱的过程中发挥了重要作用。

最后，建立海外知识产权援助体系也是一项提高知识产权保护效率的重要措施。广东采取了多种措施提供海外知识产权援助。例如，当广东企业的知名商标在一些发展中国家遭受侵权时，可免费获得维权指南和相关指导服务。此外，广东省还在海外建立了针对知识产权纠纷应对的指导平台，并推出海外知识产权维权保险业务，针对出口行为开展专门的预警提示，以及筹建海外知识产权保护全球服务网络，等等。这些措施有助于保护广东企业在海外市场上的创新收益，强化了知识产权保护对创新的激励作用。总结来说，在知识产权政策上的先行先试为广东企业利用创新在市场赢得发展先机提供了基础保障，有力促进了广东经济的高质量发展。

▼三 经济安全促平安广东创造新辉煌

2023年，广东"全省地区生产总值达到13.57万亿元，增长4.8%，是全国首个突破13万亿元的省份，总量连续35年居全国首位"。"农村居民人均可支配收入增长6.5%，城乡居民收入比缩小至2.36∶1，城乡区域协调发展打开新局面。""广东21个地级以上市在现代化建设的赛道上百舸争流、千帆竞发，发展拼出了高质量。广州经济总量突破3万亿元，千年商都释放万千活力；深圳继续位居中国'工业第一大市'，先行示范区示范频出；佛山并不佛系，成为全省唯一所有市辖区均入选工业百强区的城市；云浮绝非浮云，迎来了RCEP产业合作大会的永久落户；韶关全市新签约招商项目1284个，增长271%，折射'遍地韶华关不住'；湛江'红树林之城'建设扎实推进，映照'湛湛江水见底清'……在广东高质量发展的百花园里，21个地级以上市，21种绽放。"①当前，全球正进入新一轮技术革命和产业转移周期，发达国家和地区纷纷出台推动新兴产业创新发展的政策措施，抢占产业发展先机，并对后发国家进行压制。新一轮科技革命推动人工智能、大数据、区块链、物联网、云计算等新技术的发展与应用，从而大幅度降低制造业对人力的依赖。这就在很大程度上解决了当初发达国家因为劳动力成本升高而不得不将制造业外溢到本土之外的问题。在智能制造背景下，发达国家积极推动高端制造业回流。此外，在国家间开展贸易过程中，发达国家依靠经济先发优势，通过世贸组织等机构主导建立符合自身利益和优势的国际贸易规则，试图在产业转移过程中占有主导地位。与此同时，主要发达国家都把科技创新作为重塑竞争优势的根本手段，将高新技术视为重点发展内容，逐步加强对监管技术的出口管制和对我国的技术封锁。

广东作为我国第一经济大省和工业发展排头兵，一方面具有毗邻港澳以及特殊沿海优势，建设粤港澳大湾区和打造环北部湾经济增长极为广东经济发展提供了诸多独特的机遇；另一方面，广东经济发展仍面临着产业发展层次不高、核心技术受制于人、基础研究对产业发展支撑力较弱、资源枯竭以及省内发展不平衡等问题。未来，为进一步保障广东省经济安

---

① 《春风又绿岭之南——写在全省高质量发展大会召开之际》，《羊城晚报》2024年2月18日。

全，应坚持领跑战略思路，抓住全球新一轮产业转移的契机，尽快推动全省产业转型升级，集中优势力量发展新兴技术产业，加强人才、技术、平台建设，做好产业承接和转出工作，提高应对科技创新和国际经济各类纠纷的能力。

（一）打造区域经济发展高地，在开放和合作中谋求更高层次的经济安全

发挥毗邻港澳的独特区位优势，建设粤港澳大湾区，这是新时代广东经济发展的新战略和新举措，也是广东提升经济安全的新机遇和新途径。

要围绕全面扩大开放，打造粤港澳大湾区经济发展高地。新时代的经济安全是在更高的开放层面的安全。作为一个更大范围、更广领域、更高层次的综合性开放平台，粤港澳大湾区承载着建设开放型经济新体制、形成全面开放新格局、发展更高层次开放型经济的任务和使命。对广东来讲，要借助粤港澳大湾区建设，全面贯彻落实习近平总书记在博鳌亚洲论坛2018年年会开幕式上的讲话中提出的系列开放重大举措，全面推进广东新一轮改革开放。要在大幅放宽市场准入，提高服务业特别是金融业市场开放程度，放宽证券、银行和保险行业外资股比限制，放宽外资金融机构设立的条件限制等方面着紧发力。

要围绕全面深化改革，打造粤港澳大湾区经济发展高地。要创新体制机制，在重点领域和关键环节争取新突破。进一步推进市场运行规则以及政府综合行政管理体制改革。与此同时，要加强同国际贸易规则的对接，在投资和贸易便利化方面协同推进，加强知识产权保护，营造更好的国际化营商环境。

要围绕深化粤港澳合作，打造粤港澳大湾区经济发展高地。要充分发挥广州南沙粤港澳全面合作示范区、珠海横琴粤港澳深度合作示范区和

深圳前海深港现代服务业合作区等平台作用，并不断探索搭建更多新的合作平台。要拓宽合作领域，丰富合作内容，推动合作向科技创新、社会服务、教育、民生等领域延伸拓展。

（二）以新兴产业创新为引擎，带动产业升级以谋求经济安全发展

2023年，广东"实施'大产业'立柱架梁行动，提质壮大8个万亿元级产业集群，加快把新能源、超高清视频显示、生物医药、高端装备制造等打造成新的万亿元级、5000亿元级产业集群"。"实施'大企业'培优增效行动，累计培育国家级制造业单项冠军132家、专精特新'小巨人'企业1528家，19家企业进入世界500强，A股上市公司总量、新增境内外上市公司数量均居全国第一。实施'大环境'生态优化行动，出台推动民营经济高质量发展、培育扶持个体工商户、发展融资租赁、降低制造业成本等惠企政策，新增减税降费及退税缓费超2000亿元，制造业贷款规模突破3万亿元，增长24.4%。推动'个转企'1.9万家，创5年新高，推动'小升规'超7000家。"[①]广东企业虽然取得了诸多傲人成绩，但仍存在核心技术受制于人、产业发展层次有待优化的问题。

长期以来，重技术开发、轻基础研究成为广东经济发展的一大薄弱环节和隐患。在新背景下，广东新兴产业发展要做到与国际并行甚至领跑世界，就必须加大基础研究投入，加快建设一批世界一流的重大创新平台。以基础研究为源头供给支撑新兴技术产业创新发展；要围绕关键行业和重点产业发展需求布局建设重大科学基础设施、国家级实验室；要加快建设世界一流大学，全面提升人才自主培养能力。加强产、学、研三位一体创

---

① 《政府工作报告——2024年1月23日在广东省第十四届人民代表大会第二次会议上》，《南方日报》2024年1月27日。

新水平；要建设一批高水平研究院和新型研发机构，增强其在产业共性关键技术研发中的骨干引领作用；同时要大力推进专业化孵化载体建设，用先进的孵化理念，整合技术、资源、市场等资源，促进一批国外科技成果以及港澳科技成果实现在广东的落地转化。

对关键技术的掌握程度是衡量一国科技创新实力的重要指标，也是维护经济安全的重要保障。面对以美国为代表的国家对我国进行的技术打压和封锁，要加大研发投入，提升自主创新能力，实现广东优势产业领域领跑。要集中科研力量，加快攻破制约企业发展的"卡脖子"技术；要采取新型举国体制实施关键核心技术重点领域研发计划，集中力量攻克制约广东省产业发展的瓶颈问题；要加强产学研合作，全面提升企业自主创新能力，实现科技自立自强，从而从根本上保障经济安全不受外国掣肘。

著名的微笑曲线揭示了全球价值链的变动格局。在微笑曲线中，位于产业链上端（研发）和下端（服务）是产业价值链的高端，综合收益最高；相反，中端（生产）则被挤到国际产业价值链低端。广东唯有尽快升级产业结构，才能在全球价值链上向两端趋近，在产业竞争中占据优势地位，从而更好地服务于全国经济安全发展大局。

（三）优化全省资源和优势配置，打造合力共襄广东经济安全盛举

要形成全省经济安全发展合力，就需要对广东内部各版块进行合理的区域分工和战略布局。政府要协调各地区经济发展，首先要针对本地区实际制定切实的经济社会发展规划。广东省各级政府应系统梳理回顾本地发展历史，准确把握省情、市情、县情和镇情，制定适合本地区情况，具有前瞻性的发展规划。同时，要做好布局和分工：一是粤港携手构建空港群、海港群、物流带和国际商务服务产业带；二是在次沿海地带建设集约

化加工制造业基地；三是依托沿海港口物流带拓展和建设临海国际加工制造产业带；四是在肇庆、汕头、湛江、梅州、韶关等地建设沟通与内陆兄弟省区经济联系的物流、商务二级枢纽。如些，既加快这些地区经济发展，又推动省内经济平衡。

　　同时，在全球新一轮新兴产业转移以及西方国家试图推动传统产业回流的背景下，广东还要做好产业承接与转出双向转移工作，进一步调整和优化全省产业结构，实现产业国际影响力的持续提升。一方面，要大力营造承接产业转移的良好营商环境，吸引海外及港澳地区更多新兴产业转移落户广东；另一方面，就广东省内发展而言，粤东西北地区新兴产业发展基础还较为薄弱，为此要充分有序地引导珠三角地区部分先进制造业和高技术制造业向粤东西北地区转移，稳步增加粤东西北地区高端产业的占比，在实现本地区发展的同时为珠三角地区发展新兴产业腾挪出空间，进而推动全省产业层次的整体提升。

第四章

文化安全：平安广东建设的载体

平安广东之"平安"，还涉及文化上的"平安"，也就是总体国家安全观中的"文化安全"。作为国家安全体系的重要部分，文化安全从属于非传统安全领域，是国家总体安全的精神引领，深刻影响其他安全的效能发挥。习近平总书记指出："必须坚持总体国家安全观，以人民安全为宗旨，以政治安全为根本，以经济安全为基础，以军事、文化、社会安全为保障，以促进国际安全为依托，走出一条中国特色国家安全道路。"[①]这一重要论述明确了文化安全在国家安全中的定位，也给平安广东建设提供了基本遵循。以文化安全为基础的平安广东建设，需首先准确把握文化安全在国家安全总体布局中的定位，在平安广东建设的实然文化图景中展现出中国式现代化高度的文化自信。

▼ 一 文化安全是平安广东建设的重要保障

习近平总书记指出："全面建设社会主义现代化国家，必须坚持中国特色社会主义文化发展道路，增强文化自信，围绕举旗帜、聚民心、育新人、兴文化、展形象建设社会主义文化强国，发展面向现代化、面向世界、面向未来的，民族的科学的大众的社会主义文化，激发全民族文化创新创造活力，增强实现中华民族伟大复兴的精神力量。"[②]文化是维系国家、民族团结稳定的重要力量，是一个国家综合国力的要件之一。文化的

---

① 中共中央党史和文献研究院：《习近平关于总体国家安全观论述摘编》，中央文献出版社2018年版，第4页。

② 《习近平著作选读》第1卷，人民出版社2023年版，第35页。

安全与否关系到民族凝聚力和身份认同感的存无，进而关系到国家整体安全状况的好坏。当今世界伴随着全球化的加速，国与国之间竞争愈演愈烈，不仅在经济实力、科技实力、国防实力等方面呈现出各种比拼较量，也在文化层面竞相亮相、交手过招。文化因素渗透各式力量角逐之中，成为影响国际竞争的重要因素。作为社会制度、国家政权得以维护的根基和保障，可以说，文化安全在国家安全总体布局中占有十分重要的地位。

所谓安全，就是没有危险，既描述了一种不以人的意志为转移的客观状态，与"利益""价值"相关，又表达了一种不存在恐惧的主观感受问题。安全关乎自我与他者的关系，也是个体和族群得以生存和发展的基本前提。"国家安全"的概念伴随着现代民族国家出现后定型。1943年，美国学者李普曼提出"国家安全"这一概念，并界定为使国家免于遭受军事威胁，此后多指向传统的军事安全和主权安全。随着时代的发展，国家安全的内涵不断拓展和演化，开始出现涵盖"文化安全"在内相关概念的"非传统安全"新型安全领域。说起文化安全，涉及观念意识、思维习惯、价值选择、民族自觉、生活方式等方方面面，民族文化的安全、意识形态的安全、文化资源的安全、文化制度的安全等都囊括其中，同时又与政治安全、军事安全、经济安全等息息相关、互相影响，同时在其复杂性、隐蔽性和长期性上，呈现出相对独立性，并随着时代的发展内涵动态发展。"当前我国国家安全内涵和外延比历史上任何时候都要丰富，时空领域比历史上任何时候都要宽广，内外因素比历史上任何时候都要复杂。"①在这一复杂多变的内外场域和时空背景下，文化安全之于我国有了更加重要的意义和价值。为了延续民族文化气息、维续民族文化命脉，维护文化安全是必然要求，也是必由之路。2014年中央国家安全委员会

---

① 《习近平谈治国理政》第1卷，外文出版社2018年版，第200页。

第一次会议系统地提出构建国家安全体系，在这次会议中，习近平总书记将"文化安全"纳入其中，表现出其之于保障总体国家安全、走中国特色国家文化安全道路的重要战略地位。2015年召开了第十二届全国人大常委会第十五次会议，会上表决通过了《中华人民共和国国家安全法》。其中重点明确了国家安全相关任务："国家坚持社会主义先进文化前进方向，继承和弘扬中华民族优秀传统文化，培育和践行社会主义核心价值观，防范和抵制不良文化的影响，掌握意识形态领域主导权，增强文化整体实力和竞争力。"对"文化安全"的规定也就正式以立法的形式进入"总体国家安全观"视域内，超越了传统对安全的思维方式。党的十九大报告明确提出新时代坚持和发展中国特色社会主义的基本方略，其中"坚持总体国家安全观"以整体性的"大安全"回应时代诉求。党的二十大报告指出："国家安全是民族复兴的根基，社会稳定是国家强盛的前提。必须坚定不移贯彻总体国家安全观，把维护国家安全贯穿党和国家工作各方面全过程，确保国家安全和社会稳定。"[1]2023年5月30日，第二十届中央国家安全委员会第一次会议于北京召开，习近平总书记在会议上强调："要全面贯彻党的二十大精神，深刻认识国家安全面临的复杂严峻形势，正确把握重大国家安全问题，加快推进国家安全体系和能力现代化，以新安全格局保障新发展格局，努力开创国家安全工作新局面。"[2]构成国家安全的诸多要素实际上呈现为传统与非传统相互渗透与融合的局面，文化安全连同军事安全、科技安全和社会安全等，共同成为新时代国家安全的重要保障。

---

① 习近平：《高举中国特色社会主义伟大旗帜　为全面建设社会主义现代化国家而团结奋斗——在中国共产党第二十次全国代表大会上的报告》，人民出版社2022年版，第63页。
② 《加快推进国家安全体系和能力现代化　以新安全格局保障新发展格局》，《人民日报》2023年5月31日。

作为最深层次的国家安全，文化安全关乎国家长治久安、人民幸福以及世界和平。首先，在国家主权和民族团结维度上说，一个在文化上没有独立的国家，国家文化安全无从谈起。"如果从观念上来考察，那么一定的意识形式的解体足以使整个时代覆灭。"①马克思主义认为，人类在认识自然和改造自然的劳动实践中创造了文化，在此基础上有了反映一定阶级和社会集团利益诉求和价值观念的意识形态。随着人类社会实践的深入推进，社会主流意识形态同该民族传统文化相生相息。"意识形态决定文化前进方向和发展道路"②，作为文化的重要组成部分，意识形态甚至决定文化的主导价值倾向。历史反复证明，任何一个民族的崛起都伴随着民族文化的发达，而一个民族的衰败往往因意识形态的瓦解而起。从本质上说，文化安全在于意识形态安全。作为安邦定国的重要基石，没有文化安全、没有意识形态防线的国家是经不起政治风浪的。维护文化安全就是在维护民族赖以生存和发展的精神命脉。站在中华民族伟大复兴的战略高度，维护文化安全就是守护实现中华民族伟大复兴梦想。习近平总书记指出："实现中华民族伟大复兴的中国梦，保证人民安居乐业，国家安全是头等大事。"③维护好我国文化安全，要防范西方意识形态的冲击以及对中国特色社会主义事业的恶意诋毁，构筑防范和化解意识形态风险的精神堡垒。其次，从社会稳定、人民幸福的维度上说，文化安全存在于一切社会生活之中，同个体安全紧密相连。在主观上，文化安全包含人民对文化具有认同感的能力与状态。文化安全虽属国家安全范畴，但其意义远不仅在于实现国家利益和宏大目标。人是国家发展、社会进步的主要力量，而

---

① 《马克思恩格斯文集》第8卷，人民出版社2009年版，第170页。

② 《决胜全面建成小康社会 夺取新时代中国特色社会主义伟大胜利——在中国共产党第十九次全国代表大会上的报告》，《人民日报》2017年10月19日。

③ 中共中央宣传部、中央国家安全委员会办公室：《总体国家安全观学习纲要》，学习出版社、人民出版社2022年版，第12页。

文化是人安身立命之所在。不论是经济、政治还是社会领域的安全问题，都会在文化领域中有所映射。以系统观来看，整个社会的稳定运转离不开文化的调节和帮助，借助伦理道德、习俗礼仪法律制度等规范引导社会成员的行为。所有的安全最终都要归结于人，即是说，人的安全是一切安全的出发点与落脚点。一方面，个人远离饥饿、疾病和压迫的威胁是安全；另一方面，在思想上，对自我边界和对社会中的个体而言，正是因为文化的诠释与建构，使其具有一定的认知安全感和归属感。"每个人的自由发展是一切人的自由发展的条件"①，人在文化方面的安全状态体现其文明程度和社会和谐的程度。文化安全关涉每位个体的认知、思维与情绪。维护文化安全，从某种程度上说，也是在培养人的主体意识和理性思维能力，弘扬现代社会的人本精神，克服文化上的被动与盲目，促使人成为真正理性、自觉的生存主体。最后，从世界和平发展的维度上说，人类社会是一个共同体，文化安全涉及民心向背、民族身份、政治合法性等问题，事关世界的繁荣发展。历史上，一个国家的消失伴随着文化的同化。在关系日益紧密的当下，各国命运相系、安危与共，安全问题成为全人类的共同关切。面对世界之变、时代之变，为解决好"在分裂世界中保持和平与发展"的重大问题，就需要在统筹文化发展与安全、维护自身文化安全的同时，推进以人类命运共同体为核心、以全球安全倡议为主要内容的世界共同安全，有利于解构"文明冲突论"和"新冷战陷阱"，塑造全球文化安全格局。站在人类命运共同体的战略高度，维护全球文化安全，也就意味着在文化多样性和包容性方面要有所作为，反对文化一元论和霸权论。习近平总书记指出："每一种文明都扎根于自己的生存土壤，凝聚着一个国家、一个民族的非凡智慧和精神追求，都有自己存在的价值。人类只有

---

① 《马克思恩格斯文集》第2卷，人民出版社2009年版，第53页。

肤色语言之别，文明只有姹紫嫣红之别，但绝无高低优劣之分。"①实现全人类共同价值和维护人类共同命运是国家安全的基础。维护全球文化安全为实现全人类共同价值、促进文明融合进步注入动力。

▼ 二 文化安全展现平安广东建设的文化景观

2019年2月18日，中共中央、国务院公开发布《粤港澳大湾区发展规划纲要》并全文印发，为粤港澳大湾区发展建设成为国际一流的湾区和世界级的城市群规划并指明了发展方向和目标。广东凭借粤港澳大湾区厚重的岭南文化底蕴，五年来，广东紧紧把握粤港澳大湾区这一国家级发展战略机遇，不断加强人文湾区的建设，不断促进湾区文化的繁荣发展，不断提升湾区公共文化服务能力，文化活动品牌交相辉映，多元文化交流融合，湾区文化软实力获得显著增强。广东呈现出独特的文化景观。文化景观作为文化地理学的概念范畴，是"附加在自然景观之上的各种人类活动形态"，因而是自然因素和人文因素的复合体。广东不仅是经济大省、开放大省，而且地处两个前沿——改革开放的前沿。是处于意识形态斗争的前沿，以地理位置的"交汇处"、文化上的"交融处"以及意识形态领域的"交锋处"，发挥着"两个重要窗口"——"向世界展示我国改革开放成就的重要窗口"和"国际社会观察我国改革开放的重要窗口"的重要作用。党的二十大报告把文化建设摆在突出位置，立足国家发展、民族复兴高度，提出"中国式现代化是物质文明和精神文明相协调的现代化"，推进文化自信自强，铸就社会主义文化新辉煌，成为新时代平安广东建设的

① 《深化文明交流互鉴　共建亚洲命运共同体——在亚洲文明对话大会开幕式上的主旨演讲》，《人民日报》2019年5月16日。

根本遵循。2021年，中央对广东省群众安全感的调查显示，群众感觉"安全"和"比较安全"的比重达98.15%，比2017年提高6.19%，中央政法委对各省的平安建设考评中，广东省排名全国第二位，广东省入选全国首批法治政府建设示范地区（项目）数量居全国首位。①2023年9月25日，平安广东建设工作会议指出，党的十八大以来，广东全省上下坚决贯彻落实习近平总书记、党中央决策部署，把平安广东建设放在经济社会发展全局中谋划推进，推动各项工作取得新进展新成效，为广东全面建成小康社会、顺利开启新征程提供了有力保障，并全面部署了如何在新起点上建设更高水平的平安广东。2023年，广东"发展数字创意、线上演播等新业态，国家级文化产业示范园区增至3家，居全国第一，文化及相关产业增加值连续19年居全国首位"②。广东省委在2023年11月全省宣传思想文化工作会议上对新时代新征程推动广东宣传思想文化事业高质量发展、建设文化强省进行了动员部署，提出"高举思想之旗、高歌奋进之曲、高擎精神之炬、高赞文化之美、高扬文明之光、高昂斗争之志"——"六个高"要求，指明广东宣传思想文化工作的重点任务。③以文化景观展现平安广东建设，可以呈现广东文化安全的伟大成就与丰富经验。

第一，文化安全之平安广东建设理论学习层面持续深化。全省的首要政治任务即是学习宣传贯彻习近平新时代中国特色社会主义思想，通过切实开展"不忘初心、牢记使命"主题教育和党史学习教育，同时在体制机制上建立健全第一议题制度、"大学习、深调研、真落实"工作机制，引

---

① 《广东经济社会发展成就系列新闻发布会——平安广东、法治广东建设专场》，南方网2022年4月26日。

② 《政府工作报告——2024年1月23日在广东省第十四届人民代表大会第二次会议上》，《南方日报》2024年1月27日。

③ 《推动广东宣传思想文化工作高质量发展　关键在六个"高"》，《羊城晚报》2023年11月17日。

导全省上下忠诚拥护党的思想和决议。在理论研究阐释方面，组织专门力量大力加强马克思主义理论研究和建设，积极构建"中心+基地"研究体系，着力打造"干部讲政策、专家讲理论、百姓讲故事"宣讲模式，编撰出版了一批能够反映和代表广东马克思主义前沿理论的研究成果和重点理论书籍，包括《广东改革开放发展史（1978—2018）》、"马克思主义研究文库"、"中国共产党理论武装一百年"丛书等。实施习近平新时代中国特色社会主义思想传播工程，建强做实"学习强国"广东学习平台，推动党的创新理论"飞入寻常百姓家"。在红色资源的开发利用和红色血脉的赓续传承方面，通过出台关于保护、管理、运用革命文物的《广东省革命遗址保护条例》，为保护革命遗址提供强大的法治保障；通过上线广东红色地图，以中共三大会址纪念馆、广州农民运动讲习所为代表的重点红色展馆，"打卡广东红"微信小程序（点击量超13亿人次），提升红色文化宣传水平。

第二，文化安全之平安广东主流舆论建设层面不断壮大。全省通过多方位的理论宣传和思想阐释，包括习近平总书记对广东系列重要讲话和重要指示精神，生动而全面地展现全省上下牢记嘱托、感恩奋进的生动实践。近些年来，围绕诸多重要仪式庆典开展群众性庆祝活动，包括中国共产党成立100周年、新中国成立70周年、改革开放40周年、经济特区建立40周年等。特别是在文化艺术方面，举办"大潮起珠江""从先行先试到先行示范"等主题展览及系列音乐会、美术作品展，唱响了主旋律，弘扬了正能量。在新冠疫情持续暴发时期，做好"抗疫"宣传，及时回应社会关切，广泛科普个人防护防疫知识，借助"抗疫热线平台"的开通，及时了解跟进群众急难愁盼问题，凝聚万众一心、共克时艰。在媒体深度融合发展的新时代，包括南方+、羊城派、触电新闻、N视频等在内的新媒体不断壮大，县级融媒体中心广泛铺开，新闻舆论传播的导引力、影响力、公信力等得以不断提升，在意识形态阵地管理方面也不断加强，意识形态工作领导权进一步巩固。在网络生态治理方面，针对"饭圈"乱象、恶意营销、流量造假等群众反映强烈的问题，网络空间更加清朗。

第三，文化安全之平安广东社会文明建设显著提升。以社会主义核心价值观为指引，与时代相适应的思想观念、精神面貌、文明风尚、行为习惯得以形成和完善。公民道德建设工程在深入实施，中国特色社会主义和中国梦宣传教育广泛开展，以钟南山、黄旭华、麦贤得、卢永根、彭士禄、"硬骨头六连"、广东支援雷神山医院医疗队、东深供水工程建设者群体等为代表的先进模范事迹深入人心。《广东省文明行为促进条例》的出台，是用法治手段规范文明行为的突出代表。目前，广东在深化拓展文明实践方面，已建成新时代文明实践中心（所、站）2.57万个，共打造378个省级示范所、3134个省级示范站，组建共计5.7万支文明实践志愿服务队伍，为打通教育、服务群众"最后一公里"作出不懈努力。文明创建工程不断提质增效，行业文明明显优化升级。同时，在数字化建设方面，以数字化手段提高文化惠民覆盖面和精准度，推动高品质文化产品数字化供给，优化公共数字文化服务平台，推动公共文化服务上线上云。包括打造"星海直播"文化演艺宣传推广平台，积极推动智慧图书馆、数字文化馆、智慧博物馆、数字美术馆建设，依托"粤省事"开设文旅专区，形成覆盖全省21个地级以上市的"粤读通"数字证卡服务网络，建设广东省特色公共数字文化资源库，建成包括粤剧、潮剧、广绣、美食等非物质文化内容的数字资源体系，不断满足人民群众多元化、多样化的精神文化需求。

第四，文化安全之平安广东文化事业和文化产业建设层面繁荣发展。2019年9月17日，广州美术学院设计团队为北京冬奥会设计的吉祥物"冰墩墩"、北京冬残奥会设计的吉祥物"雪容融"正式亮相北京。一时间，吉祥物迅速走红，很快形成了"一墩难求"的局面。冰墩墩所带来的，不仅是惊人的销售量，更是成为一张中国的名片，将中国独有的传统文化与审美传送至全球。推动岭南文化这一特色地域文化的创造性转化、创新性发展是主要抓手，在岭南戏曲、岭南美术、广东音乐等特色品牌上下功夫。在文物建设方面，全省近十年内共新增65处重点文物保护单位，国家传统工艺振兴项目热烈开展，工艺美术产值以超过2000亿元的数额多年位居全国第一。同时通过在全国率先给基建考古企业减负、建立省级以上文保单位"岁修"制度、实施非遗传承群体认定等创新举措，省文物考古研究所更名扩编为省文物考古研究院，人员编制由原来的50人增加至91人，有力加强了历史文化保护利用的组织领导与全面保障。在历史文化保护利用工作上，近十年广东省荣获一批"国字号"重要奖项——入选"全国十大考古新发现"3项，入选全国"百年百大考古发现"2项，入选"新时代百项考古新发现"3项，目前广东成为考古资源涉及年代最全、遗址类型最丰富、田野和水下考古并驾齐驱的省份之一。另外，着重平衡城市建设和文化保护两者之间的关系，统筹兼顾，包括广州永庆坊、潮州广济桥和牌坊街、汕头小公园等在内的标志性地点以城市文化名片的形态纷纷涌现。设立广东出版政府奖，聚焦重大题材，加强文艺作品创作，9部作品获评全国"五个一工程"奖。持续推进网络视听平台建设和优质节目供给，不断丰富人民群众文化生活。大力推进城乡公共文化服务一体建设。目前，白鹅潭大湾区艺术中心、国家版本馆广州分馆、广东画院等服务于公共文化享受的标志性基础设施基本建成或投入使用。不断健全老区苏区、民族地区、欠发达地区公共文化设施网络，实现省、市、县、镇、村五级公共文化设施全覆盖，在开展文化惠民活动中，人民群众的文化获得感、幸福感更加充实。文化产业在高质量发展的同时，现代文化产业体系和市场体系得到进一步健全，数字出版产值、动漫产值、电影票房收入等多项指标排名前列，文化及相关产业增加值占全省GDP比重达到5.59%，占全国总量的13.8%，"文化+"新业态成为新增长点。

第五，文化安全之平安广东对外交流互动层面积极传播。广东联动整合优质文化资源，初步形成"全省一盘棋"的对外传播格局。通过举办粤港澳大湾区媒体峰会、智库论坛、文化艺术节，在大中华文化交流中基本形成粤港澳大湾区文化圈。积极打造"读懂中国"国际会议（广州）、21世纪海上丝绸之路国际传播论坛、中国（广州）国际纪录片节等外宣品牌，全球知名人士和专家学者到会展开交流，取得丰硕成果。精心开展岭南文化对外传播交流，持续组织实施以省长新春贺岁视频为代表的"广东向世界问好"系列对外传播项目；组织"魅力中国——广东文化周""感知广东""'桥'见中外""粤来粤有趣"两岸青年创意短片大赛等文化交流活动；推进与境外主流媒体合作，真实、立体、全面对外讲好中国故事、大湾区故事、广东故事。广州市天河区、番禺区国家文化出口基地和国家对外贸易基地（深圳）工程的建设，继续助推以新业态为重点的对外文化贸易新模式形成，输出覆盖一百多个国家和地区的文化产品和服务。"立体讲好中国故事、大湾区故事、广东故事，积极构建国际传播能力体系，注重以文化交流互鉴促进民心相融相通"[1]，以广东为窗口展示中华文明之美。

广东省文化底蕴深厚，魅力独特，历史文化资源的数量和级别都位居全国第一方阵，文化景观瑰丽绚烂。全省坚持以习近平新时代中国特色社会主义思想为指导，全面落实党的二十大精神，深入学习贯彻习近平文化思想和对广东系列重要讲话、重要指示精神，围绕"举旗帜、聚民心、育新人、兴文化、展形象"的使命任务，坚持党建引领、思想先行，坚持自

---

[1] 《深入学习贯彻习近平文化思想　勇担新的文化使命　推动广东宣传思想文化工作高质量发展》，《南方日报》2023年11月15日。

信自强、守正创新，统筹发展和安全，锚定"精品立省、改革引领、服务提质、融合增效"的工作思路，推进文化和旅游深度融合发展，增强文化自觉，坚定文化自信，建设文化强省中凝聚强大精神力量，为广东在新征程中走在全国前列、创造新的辉煌作出了积极贡献。

▼ 三 文化安全建设平安广东的文化自信

改革开放40多年来，广东在全国的发展中始终走在前列，坚持以开放促改革、促发展，经济总量连续30多年位居全国第一，在探索推进中国式现代化进程中取得举世瞩目的历史性成就。习近平总书记在党的二十大报告中，就全面建成社会主义现代化强国作出总体战略安排，并以中国式现代化吹响全面推进中华民族伟大复兴的冲锋号。建设更高水平的平安广东是推进中国式现代化的广东实践的必然要求，也是满足人民群众对美好生活新期待的必然要求，更是续写"两大奇迹"广东新篇章的必然要求。平安广东建设过程中所展现的文化自信，是对于自身价值的准确估价和坚定信心，内含文化传承与创新发展的自觉意识和主动精神。党的十八大以来，以习近平同志为核心的党中央始终重视文化建设，鲜明提出坚定文化自信并将其纳入中国特色社会主义"四个自信"，引领我国文化建设在正本清源、守正创新中取得历史性成就、发生历史性变革。广东坚决贯彻落实党中央指示和决策部署，在"1+1+9"工作部署中突出文化强省建设，在全省宣传思想工作会议、扎实推进文化强省建设大会等的召开下推动思想精神的落实。

维护文化安全是建设社会主义文化强国、推进中国式现代化的必然要求，这就要求强调坚定文化自信。在文化上的自信自强，是维护与塑造文化安全的前提，在时间维度上，涉及对文化本身过去、现在、未来的过程性肯定。党的十八大以来，习近平总书记紧扣实现中华民族伟大复兴的总目标，围绕当代中国文化建设发展的新课题，多次提及文化自信并作出一系列重要论述。习近平总书记视察广东期间，对广东文化建设工作作出明确要求。2018年10月，习近平总书记在视察广东重要讲话中明确要求，广东要更加重视精神文明建设，坚定文化自信，增强文化自觉。2020年10月，习近平总书记再次视察广东时指出，城市规划和建设要注重文明传承、文化延续，强调要保护好具有历史文化价值的老城区，增强文化旅游内涵。2023年4月，习近平总书记亲临广东视察并发表重要讲话，要求广东坚定不移全面深化改革、扩大高水平对外开放，在推进中国式现代化建设中走在前列。在全面建设社会主义现代化国家的新征程上，广东要更加坚定文化自信，高度重视文化事业，大力推进文化强省建设。

作为推进中国式现代化的广东实践，平安广东建设内含充分的文化自信，这种自信来源于中国特色社会主义文化的独特优势。现代化与文化密不可分，文化不强，现代化国家就无从谈起。中国式现代化作为一种全新的现代化模式，在坚守马克思主义基本原理的同时，扎根于中国自身国情和文化传统，体现了一种具有中国特色和中国气派的全新人类文明形态。2023年6月，习近平总书记在文化传承发展座谈会上强调，"两个结合"是我们取得成功的最大法宝，明确指出"'第二个结合'是又一次的思想解放，让我们能够在更广阔的文化空间中，充分运用中华优秀传统文化的宝贵资源，探索面向未来的理论和制度创新"①。"两个结合"时代命题的提出，为推进中国式现代化行稳致远指明了方向。广东在中国式现代化建设大局中地位重要、作用突出，是中国共产党把马克思主义基本

---

① 《担负起新的文化使命 努力建设中华民族现代文明》，《人民日报》2023年6月3日。

原理同中国具体实际相结合、同中华优秀传统文化相结合，坚持走中国式现代化道路的精彩实践和成功范例。"文化自信的涵养，直接关系到一个国家和民族精神家园的安放、精神共识的凝聚、精神支柱的构筑和精神能量的激发。"①没有坚定的文化自信，就谈不上真正意义上的社会主义现代化。在社会主义文化强国建设的关键时期，平安广东建设的文化自信尤为重要。我们既要对中国特色社会主义文化保持充分信心，还要对具有广东特色的优秀地域文化葆有信心。传承和创新地域文化，才能确保中华文化根基稳固。广东始终坚守中华文化立场，寻求地域文化和中华文化的契合点，在保持地域文化多样性的基础上与中华优秀传统文化融合在一起。同时，注重以岭南文化为代表的地域文化创新，在准确理解和把握时代需要的前提下，释放地域文化创新的潜力，激发中华文化焕发时代新光彩。在实施岭南文化创造性转化、创新性发展的"双创"工作的同时，也注重广府文化、客家文化、潮汕文化等广东特色文化的建设工作，保护好本土文化，激活文化深层次的优质基因，不断发展壮大文化内生动力，增强广东文化影响力和辐射力。广东"广泛践行社会主义核心价值观。深入实施习近平新时代中国特色社会主义思想传播工程，巩固壮大奋进新时代的主流思想舆论。保护用好中共三大会址、农民运动讲习所等红色资源，厚植爱党爱国爱社会主义的情感，铸牢中华民族共同体意识。加强公民道德建设，拓展新时代文明实践中心建设，弘扬中华传统美德，提升全社会文明程度，加快建设'志愿广东'，涵养向上向善、刚健朴实的文化。实施哲学社会科学创新工程，做好参事文史、地方志等工作。建设全媒体传播体系，打造具有强大影响力和竞争力的新型主流媒体，向世界讲好中国故

---

① 沈壮海：《论文化自信》，湖北人民出版社2019年版，第16页。

事、传播湾区声音、展示广东精彩"①。广东现已建立良好的、覆盖全社会的现代公共文化服务体系。平安广东建设要增强对中国式现代化的价值认同，使其内化于心、外化于行，彰显社会主义核心价值观，稳固中国式现代化的文化根基。同时，在讲好岭南故事、广东故事中向世界呈现中华文化的魅力，在文明交流互鉴中展示中华文化独特魅力，把当代中国文化创新成果传播出去，实现由文化大省向文化强省的跨越，在高质量发展上走在前列、当好示范。

---

① 《政府工作报告——2024年1月23日在广东省第十四届人民代表大会第二次会议上》，《南方日报》2024年1月27日。

第五章

公共安全：平安广东建设的关键

公共安全是人民安居乐业的重要保障，是国家安全和社会稳定的基石。新中国成立后，党和国家高度重视公共安全治理工作。特别是党的十八大以来，将总体国家安全观纳入坚持和发展中国特色社会主义基本方略。习近平总书记在党的二十大报告中，系统阐述了提高公共安全治理水平问题。习近平总书记指出："坚持安全第一、预防为主，建立大安全大应急框架，完善公共安全体系，推动公共安全治理模式向事前预防转型。"[①] 公共安全即是"平安是老百姓解决温饱后的第一需求，是极重要的民生，也是最基本的发展环境"[②]。广东省委历来重视平安广东建设，在2023年6月召开的省委十三届三次全会上提出"要扎实推进法治广东平安广东建设，在构建新安全格局上取得新突破"。公共安全成为平安广东建设的关键，提到了议事日程。

 一　公共安全是平安广东建设的基础

所谓公共安全，是指社会和公民从事和进行正常的生活、工作、学习、娱乐和交往所需要的稳定的外部环境和秩序。公共安全包含安全生产、食品安全、信息安全、交通安全、药品安全、生物安全、网络安全、防灾减灾等领域。公共安全涵盖方方面面，要有效地进行平安广东建设，就必须坚持系统治理、依法治理、综合治理、源头治理的总体思路，从各

---

① 《习近平著作选读》第1卷，人民出版社2023年版，第44页。
② 中共中央文献研究室：《习近平关于社会主义社会建设论述摘编》，中央文献出版社2017年版，第148页。

个方面着手，加强管理和技术手段的建设，提高公共安全水平。

（一）大安全大应急框架是公共安全的基本遵循

在百年未有之大变局之际，在中华民族实现腾飞的关键时期，国家安全面临高风险期。平安广东是国家安全的重要组成部分，新时代维护广东公共安全具有重要的现实意义，必须以总体国家安全观为统领，以建设更高水平的平安广东为目标，把公共安全落到实处。

公共安全必须遵循总体国家安全观。公共安全从过去的管控型应急管理向现在的立体化公共安全治理体系转变的过程中，呈现出系列特征。目前的应急管理体系也是大安全大应急框架逐渐建构的过程，即从侧重事后响应为主转为风险事前预防的全过程公共安全治理体系。构建风险、安全和应急一体化，覆盖事前、事后、事中于一体的"全链条"治理。我国公共安全治理实现了第三次转变，即从"灾害"到"应急"，从"应急"到"安全"。"公共安全事故，一头连着经济社会发展，一头连着千家万户，要警钟长鸣、常抓不懈，要预防和减少事故发生，坚决遏制重特大公共安全事故。"①广东突出"大平安"理念，构建"大安全"格局，把平安建设融入经济社会发展全局一体谋划、整体推进。

广东省应急管理厅统筹负责大应急管理，坚定不移推进应急管理改革，坚定扛起应急管理职责，用全省应急管理系统的团结奋斗来防风险、保安全、护稳定、促发展；紧紧围绕完善风险监测预警体系、国家应急管理体系、建立大安全大应急框架、以新安全格局保障新发展格局等重大部署，加强专题研究，找准具体抓手，明确工作思路、目标和措施，聚焦加强应急能力建设，着力防范化解重大安全风险，有效应对处置各类灾害

---

① 中共中央文献研究室：《习近平关于社会主义社会建设论述摘编》，中央文献出版社2017年版，第149页。

事故，奋力开创应急管理事业新局面。应急管理体制改革是应对日趋复杂的安全风险挑战、赢得战略主动的重大举措。广东省把应急管理置于全省改革发展稳定大局来谋划推动，通过改革来不断强化应急管理的"确定性"，从而有效应对灾害事故的"不确定性"。2023年8月16日，广东省政府新闻办举行新闻发布会，详细介绍了全省应急管理工作进展情况。为了全面防范并化解安全生产及防灾减灾领域中的重大安全风险，广东正深入进行重大事故隐患的专项排查整治行动。

（二）基层一线是公共安全的主战场

维护公共安全体系，要从最基础的地方做起。早在2018年，中共中央办公厅、国务院办公厅印发了《关于推进城市安全发展的意见》，强调要"健全公共安全体系，打造共建共治共享的城市安全社会治理格局"。习近平总书记在中共十八届中央政治局第二十三次集体学习时指出："要把基层一线作为公共安全的主战场，坚持重心下移、力量下沉、保障下倾，实现城乡安全监管执法和综合治理网格化、一体化。要提高公共安全体系精细化水平，从预判预警到应急处置，从现实生活到虚拟空间，每一个环节都要深入考虑和谋划。要构建公共安全人防、物防、技防网络，实现人员素质、设施保障、技术应用的整体协调，彻底堵塞'安全漏洞'，坚决打破'安全孤岛'。要积极推广应用新技术、新设备、新工艺，高度重视大数据、云计算、物联网、智慧工程等现代信息技术的应用，不断提高公共安全装备水平。要认真汲取各类公共安全事件的教训，推广基层一线维护公共安全的好办法、好经验。"[1]

广东重视基层社会治理，精准施策，保障工作成效。广东先后出台

---

[1] 中共中央党史和文献研究院：《习近平关于防范风险挑战、应对突发事件论述摘编》，中央文献出版社2020年版，第188页。

《广东省推进民政领域基层社会治理体系和治理能力现代化的若干措施》《关于进一步规范全省村（社区）"两委"津补贴发放工作的通知》等政策文件，为完善城乡基层治理提供保障。此外，广东还制定出台《城乡社区协商工作规范》《村（居）民委员会工作职责事项指引》两项省级地方标准，切实加强基层组织建设，鼓励和保障城乡居民、村民参与基层社会治理。除了制定政策文件外，广东还不断创新基层治理模式，深入开展市域社会安全治理现代化试点，涌现出广州"最小应急单元"、深圳光明区"群众诉求服务圈"、珠海"平安+市域社会治理指数应用"、东莞"织网工程"、汕尾"民情地图"等一批好经验好做法；完成全省12.7万个综合网格的基本划分、编码固定和置入"粤政图"，形成"上面千条线，下面一张网"的基层治理模式。在超7000平方公里、常住人口超2000万的广州，拥有22913个最小应急单元，配备应急处置力量19.8万人，打通突发公共安全事件先期处置"最后一百米"。聚焦群众急难愁盼。近年来，广东坚持和发展"枫桥经验"，强化矛盾纠纷源头防范化解。2022年，全省31837个人民调解组织化解社会矛盾纠纷逾41.7万件。

（三）新时代公共安全得到全面加强

党的十八大以来，广东认真贯彻党中央决策部署，坚持统筹发展和安全，扎实推进平安广东。在2021年中央政法委对各省的平安建设考评中，广东省排名全国第二。2021年中央对广东省群众进行安全感调查，群众感觉"安全"和"比较安全"的达98.15%，比2017年提高6.19个百分点。2023年5月，公安部发布《关于对首批拟命名全国社会治安防控体系建设示范城市候选对象名单进行公示的公告》，广州成功入围。

2019年至2021年三年专项斗争期间，全省共打掉涉黑组织279个、恶势力犯罪集团1126个，立案查处涉黑涉恶腐败和"保护伞"人员9069人。

严厉打击整治影响群众安全感的各类突出违法犯罪和电信网络诈骗等新型违法犯罪。2021年广东扫黑除恶工作群众满意度为94.96%，比2018年提升14.37个百分点。强化交通安全整治，2021年全省交通事故死亡人数同比2017年下降37.01%，较大事故数下降68.97%，较大事故死亡人数下降73.18%。高标准推进安全生产专项整治三年行动中，2021年全省安全生产事故起数、死亡人数同比2017年分别下降56.0%和37.7%。2022年，全省安全生产事故数、死亡人数、直接经济损失同比均实现明显下降。2023年1—11月，全省安全生产形势总体保持稳定，未发生重大及以上生产安全事故。全省共发生各类事故2337起，死亡1970人，受伤1066人，直接经济损失28915.7万元，其中，发生较大事故18起，死亡64人，同比分别下降30.8%、34.0%。

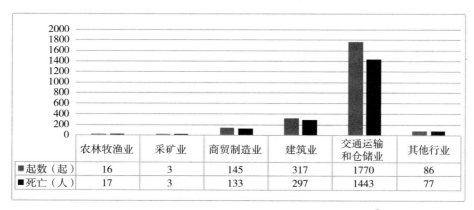

	农林牧渔业	采矿业	商贸制造业	建筑业	交通运输和仓储业	其他行业
起数（起）	16	3	145	317	1770	86
死亡（人）	17	3	133	297	1443	77

2023年1—11月广东省各行业生产安全事故情况[①]

根据"净网2022年"工作部署，广东网安部门依法严惩窃取、贩卖公民个人信息的违法犯罪行为，破获破侵公类案件104起，依法刑事拘留279

[①] 《2023年1—11月广东省生产安全事故总体情况》，广东省应急管理厅网站2023年12月13日。

人，起诉149人，有力维护了公民个人信息安全。①《中国互联网发展报告（2022）》数据显示，广东网络安全指数全国第一。"2022网民网络安全感满意度调查活动"报告显示，广东区域网民网络安全感提升，58.93%的受访广东网民对我国网络安全治理的状况满意，高于全国水平。②针对问题青少年、社区矫正对象等重点人群服务管理，广东持续加强人文关怀和跟踪帮扶，省、市、县三级社区矫正委员会已实现全覆盖，社会心理服务站（室）乡镇（街道）覆盖率达100%。

生物安全作为非传统安全，是公共安全的重要一环，重大生物安全往往是"黑天鹅"事件，要走先手棋。2023年7月20日，粤港澳大湾区生物安全创新港正式开园，全国首个以中试为主的定制化生物安全产业园区、广州市黄埔区首个中试基地正式上线。粤港澳大湾区生物安全创新港是针对市场痛点定制设计的生物医药专业化产业园区，同时也是响应国家加快推进生物科技创新和产业化应用，推进生物安全领域科技自立自强，打造国家生物安全战略科技力量而建设的高端生物产业集聚载体项目。

食品安全方面，坚决贯彻习近平总书记关于食品安全工作"四个最严"的要求，深入落实《中共中央　国务院关于深化改革加强食品安全工作的意见》和中共中央办公厅、国务院办公厅印发的《地方党政领导干部食品安全责任制规定》，根据《广东省食品安全工作评议考核办法》对全省各地级以上市食品安全工作开展评议考核，全省食品安全监管能力和保障水平不断提高，食品安全情况持续稳中向好，全年未发生系统性、区域性重大食品安全事故，有效保障了人民群众生命健康安全，确保广东省在全国食品安全工作中继续名列前茅。

---

① 《广东网安部门严厉打击侵犯公民个人信息犯罪》，《广州日报》2022年9月21日。
② 《广东：跑出网络安全高质量发展"加速度"》，央广网2023年9月14日。

▼二 公共安全是平安广东建设的前沿阵地

广东是改革开放的排头兵、先行地、实验区，随着改革进入深水区，维护社会稳定任务艰巨繁重。"横向到边，纵向到底"的应急预案、"立治有体，施治有序"的规章制度，已经相当完备。但庞大的人口规模、大量企业的经济支撑、复杂的社会需求、脆弱的生态环境对广东公共安全提出了更高的要求。平安广东建设之公共安全治理水平的提高将会为全国公共安全治理提供广东智慧、广东方案。

（一）广东区域发展不平衡带来的公共安全挑战

党的十八大以来，习近平总书记高度重视广东城乡区域发展不平衡问题，从深刻指出"城乡区域发展不平衡是广东高质量发展的最大短板"，到要求广东"下功夫解决城乡二元结构问题，力度更大一些，措施更精准一些，久久为功"；从强调"改革发展的出发点和落脚点都要聚焦到人民对美好生活的向往这个奋斗目标上来"，到把脉广东"不仅要靠珠三角，粤北、粤东、粤西这些地区也要联动发展"……四次视察广东，习近平总书记的步履遍及珠三角和粤北、粤东、粤西，寄予对广东的厚望。

区域发展不平衡一定程度上会导致公共安全治理水平不均衡。第一，地区之间表现为一些地方在面对突发自然灾害、事故灾害、公共卫生事件时，应急响应和处置能力不足。譬如，深圳围绕公共安全问题吸收各地先进经验，各级部门出台了数以百计的优化措施与防范策略。深圳市对全市公共安全状况进行了全面"体检"，系统排查各类薄弱环节和风险隐患，形成涉及自然灾害、事故灾难、公共卫生和社会安全等四大领域的138个专项公共安全风险源评估报告。深圳坚持发布城市公共安全白皮书，力争构建起与现代化国际化先进城市相匹配相适应的、全覆盖高质量的城市公共安全体系。但其他区域发展不足的地方的公共安全治理尚有提升空间。第二，城乡之间公共安全治理水平差距大，尤其是危机认知、信息获取、资源保障等方面存在明显差异，农村应急处置依赖政府"独当一面"，应急规范法制化程度不足，主动性不够，多为事后救济。第三，部分行业存在理念偏差，认为公共安全治理属于应急管理部门，对社会发展中存在的不确定性和风险性缺乏洞见，警惕意识不足。

（二）广东工业和人口交叉复杂带来的公共安全不确定

现代工业化社会本身就是一个高风险社会，"城市化、市场化、信息化、全球化"转型交织，自然、技术、社会等因素叠加，传统风险和新型问题层出，不确定性显著增加，突发公共事件日益频繁。广东作为中国"南大门"，而广州和深圳两个超大城市，东莞、佛山两个特大城市，人口具有较强的流动性，公共治理的难度和要求增高。截至2023年6月底，全省登记注册民营企业（含个体工商户）1665万户，稳居全国首位，较2022年底增长5.98%，为广东经济发展稳中提质夯实了微观基础。[①]数据显示，2022年，广东民营经济增加值6.98万亿元，占GDP比重超过50%，贡献了60%左右的税收、70%以上的技术创新成果、80%以上的新增就业、90%以上的企业数量。[②]现代轻工纺织工业是广东重要传统工业产业之一，造纸和纸制品业是重要组成部分，全年纸及纸板产量达到2374.14万吨，占全国总产量的19.1%。

安全生产是发展的一条红线，必须坚持以人为本、生命至上，全面抓

---

① 《广东登记在册民营企业（含个体工商户）1665万户，居全国首位》，《广州日报》2023年7月23日。

② 《聆听民企心声，助力粤企高质量发展》，《时代周报》2023年10月13日。

好安全生产责任制和管理、防范、监督、检查、奖惩措施的落实。落实各级党委和政府的领导责任、相关部门的监管责任、企业的主体责任。针对高速铁路、城市轨道、油气管网、城市燃气、高层建筑防火、城中村等重点领域和煤矿、矿山、化工、烟花爆竹等重点行业，深入开展专项整治，强化预防和治本工作。要健全常态化的安全生产检查机制，定期不定期开展不打招呼、一插到底和谁检查、谁签字、谁负责的安全生产大检查，对检查发现的问题要厉行整改，切实消除隐患，确保万无一失。规划和建设要强化有关安全的强制性标准和要求，全面落实工程质量责任，明确建设、勘察、设计、施工、监理等五方主体质量安全责任，加强工程建设全过程质量安全监管，落实安全责任终身追究制。要抓好房屋建筑、城市桥梁、建筑幕墙、隧道等工程运行使用的安全监管，特别是要全面排查城市老旧建筑安全隐患，采取有力措施限期整改，严防发生垮塌等重大事故。要健全城市抗震、防洪、排涝、消防、应对地质灾害应急指挥体系，完善城市生命通道系统，加强城市防灾避难所建设，增强抵御自然灾害、处置突发事件和危机管理能力，形成全天候、系统性、现代化的城市运行安全保障体系。

企业和非营利组织在公共安全治理中存在监督机构不健全、管理机制不完善等问题，容易导致安全事故和机会主义的发生，尤其是公共服务精神和志愿精神的缺乏导致社会责任感差，参与治理效果不明显。

（三）广东沿海地区自然灾害频发带来的公共安全挑战

广东是自然灾害较为严重的地区，包括干旱、洪涝、台风、冷冻、冰雹、地震、虫鼠疫灾害，海洋灾害，地质灾害，生物灾害，森林火灾等。防灾减灾救灾是一项长期任务，要坚持以防为主、防抗救相结合，坚持常态减灾和非常态救灾相结合，从注重灾后救助向注重灾前预防转变，从应对单一灾种向综合减灾转变，从减少灾害损失向减轻灾害风险转变，提高抵御自然灾害的综合防范能力。[①]从根本上提高防灾减灾救灾工作制度化、规范化、现代化水平，建立健全自然灾害综合风险普查评估制度，提高灾害高风险区域和学校、医院、居民住房、重要基础设施的设防水平，改变一些地方城市高风险、农村不设防状况。

广东省自然灾害风险普查工作已经完成，广东成为全国率先完成全部调查任务的8个省份之一，率先完成全部评估区划任务的3个省份之一。广东获得了地震灾害、地质灾害、气象灾害、水旱灾害、海洋灾害、森林火灾等6类主要自然灾害致灾调查与评估信息，查明了3000多万栋房屋建筑、24万多公里公路道路、5.6万余座桥梁、约5.3万公里供水管线、671座供水厂站、2.4万多宗水利工程、约1400公里内河航道、843个隧道、5.3万多处公共服务设施、8600多家危化品和非煤矿山重点企业等重要承灾体信息。自然灾害危机具有"突发性、扩散性和复杂性"，事前预警对科技要求较高，仅靠人力难以达到，因此需要智能技术赋能。

▼三 新时代全力打造平安广东建设公共安全的新境界

做好新时代新征程上的应急管理工作，最根本的是要坚持和加强党的全面领导。要深刻领会"两个确立"的决定性意义，坚持用习近平新时代中国特色社会主义思想统领应急管理一切工作，坚决捍卫核心地位、维护核心权威、紧跟核心奋斗。要胸怀"国之大者"，以"闯"的精神、

---

① 中共中央文献研究室：《习近平关于社会主义社会建设论述摘编》，中央文献出版社2017年版，第152页。

"创"的劲头和"干"的作风，推动党的二十大精神在广东应急管理系统落地生根、开花结果。当前，尤其要抢抓机遇、真抓实干，推进安委办工作体系，更好发挥"三委三部"职能作用，为建立大安全大应急框架探索广东经验。

（一）系统思维，打造全过程公共安全治理体制机制

公共安全无处不在。维护公共安全，必须从建立健全长效机制入手，推进思路理念、方法手段、体制机制创新，加快全过程立体化健全公共安全治理体系。①打造一统多的综合性应急管理部门，组建乡镇（街道）社会工作服务站，解决目前各地公共安全治理存在散、虚、弱、空等问题。所谓散，是指管理协调机构多且不能有效协同，协调机构名目繁多。因此，需要协同如减灾委员会、安全生产委员会、防汛抗旱指挥部、抗震救灾指挥部等多个机构。2018年10月27日，根据《中共中央关于深化党和国家机构改革的决定》和《广东省机构改革方案》，设立广东省应急管理厅，负责指导全省各地区应对安全生产类、自然灾害类等突发事件和综合防灾减灾救灾工作。所谓虚，是指专业化应急救援力量在体量、体质上不够强大。所谓弱，是指社会力量参与公共安全治理的能力尚弱，公共安全治理领域的社会组织力量不足。上述专业化应急力量不够和社会力量参与公共安全治理能力弱，突出表现在不少社区（村组）的公共安全治理处于空白状况。为解决该问题，2016年，广东省民政厅发布了《关于做好广东省公共危机社会工作服务队组建工作的通知》，委托广东省社会工作联合会组建广东首个公共危机社会工作服务队。服务队通过定期开展培训、演练，发挥社会工作在危机前预防、危机中应急与危机后恢复中的专业作

---

① 中共中央文献研究室：《习近平关于社会主义社会建设论述摘编》，中央文献出版社2017年版，第154页。

用，提高广东省公共危机社会工作服务能力。此外，广东省民政厅开展广东省灾害志愿者协会筹建工作，明确服务队和志愿服务协会各自的功能和任务，探索建立"专业社工＋全民义工"的公共危机介入服务联动机制。

坚持统分结合、部门协调、上下贯通，打造全方位立体化公共安全网。2018年国家机构改革后，以应急管理为重心的政府公共安全管理体系，实际运行中以分级负责、属地管理和事发后的应急救援为主，存在职能分散、管理碎片化、协调难度大等问题，也未能覆盖全方位、全流程的公共安全治理过程，打通公共安全治理"神经末梢"，探索共建共治共享基层治理新路径。应急管理部门履行安全生产综合监管和自然灾害防治综合统筹职责。要正确处理统与分的关系，坚持统分结合，统出合力、分出高效。要强化统的意识，始终把"统"作为一种责任担当、使命所在，切实担负起牵头抓总、综合统筹的工作职责，统筹防范重大安全风险，统筹提高防灾减灾救灾能力。要统筹加强部门协同，齐抓共管，确保安全。要压紧压实责任促协同。坚持"三管三必须"原则，明确各有关部门安全生产的职责清单和工作清单，综合运用考核巡查、警示提醒、挂牌督办、提级调查等措施，督促落实安全责任，既防止出现"责任真空"，又形成工作合力。要坚持上下贯通。构建统一领导、权责一致、权威高效的应急能力体系，必须建设上下贯通、执行有力的严密组织体系。要在应急责任体系上一贯到底。强化"一键通"APP的功能开发和实战应用，全省各级三防责任人、灾害信息员、地质灾害群测群防员、森林护林员，以及重点行业领域企业主要负责人、车间和班组负责人，要落实一键到镇村、一键到企业、一键到个人，确保指令下达零延误、上下联动零距离。[1]

法治是平安建设的重要保障，广东法治保平安的统一公共安全法律体

---

[1] 《坚定扛起应急管理职责 提高公共安全治理水平》，广东省人民政府门户网站2022年12月21日。

系化初步建成。2007年颁布《中华人民共和国突发事件应对法》，2015年颁布《中华人民共和国国家安全法》，为公共安全治理提供了基本的法律框架，但其中涉及公共安全的内容，许多公共安全方面的法律分散在食品安全法、公共卫生法、防震减灾法等行业领域法律中。在地方立法中，以《广东省平安建设条例》为总纲，在防灾减灾、交通安全、信息安全、网络安全、公共卫生安全各领域已有相关管理办法。为规范公共安全视频图像信息系统的规划、建设、管理和应用，2020年第二次修改了《广东省公共安全视频图像信息系统管理办法》等。

（二）源头治理，推动公共安全治理模式向事前预防转型

"明者防祸于未萌，智者图患于将来。"公共安全治理是一个包括事前预防准备、监测预警、事中应急处置和事后恢复在内的完整过程，事中应急处置和事后恢复可以有效降低损伤，但无法避免损害的发生。公共场所具有内部结构复杂、人员密集、易燃易爆物品多等特点，这就容易导致重大公共安全事故的发生，造成众多人员伤亡的悲剧。唯有做好事前预防，监测预警方能有效地降低事故发生次数。目前，事前预防未能很好地发挥作用，公共安全治理仍着眼于危机处置和短期目标上。要深入开展安全隐患排查整治，全面抓好安全生产责任制，从源头治起、从细处抓起、从短板补起，筑牢防线，守住底线，不放过任何一个漏洞，不丢掉任何一个盲点，不留下任何一个隐患。[①]面对深刻复杂的外部环境和广东全域常住人口多，区域性发展不平衡带来的新情况新问题新挑战，推动公共安全治理模式向事前预防转型，为推动公共安全治理体系和治理能力现代化指明了方向、确定了原则。

---

① 中共中央文献研究室：《习近平关于社会主义社会建设论述摘编》，中央文献出版社2017年版，第161页。

习近平总书记指出，要健全风险防范化解机制，坚持从源头上防范化解重大安全风险，真正把问题解决在萌芽之时、成灾之前。维护公共安全必须防患于未然，公共安全隐患往往是"灰犀牛"事件，掉以轻心和侥幸心理是最大的安全隐患。要坚持标本兼治，既着力解决较为突出的公共安全专项问题，又用更多精力研究解决深层次问题，既要有突击行动，也要做好日常检查。要坚持关口前移，加强日常防范，加强源头治理、前端处理，针对暴露出来的问题进行地毯式排查和立体化整治行动，什么问题突出就集中力量解决什么问题。要建立健全公共安全形势分析制度，经常评估、预判，及时发现苗头性、倾向性问题，及时清除公共安全隐患。[①] 遵循"安全韧性""风险治理"等现代安全理念，推动公共安全治理模式从制度化、规范化、科学化、超前化的事前预防转型，对风险开展实时检测预警、动态评估管控，提升风险综合检测、风险早期识别和预报预警能力，及时发现和消除重大事故隐患，实现从"被动应对"向"主动防控"转型，从"随机安全"向"本质安全"升级，从"传统安全"向"智慧安全"转变，从"局部管控"向"系统治理"转型。

（三）底线思维，形成共建共治共享的公共安全治理共同体

党的二十大报告强调："完善网格化管理、精细化服务、信息化支撑的基层治理平台""健全共建共治共享的社会治理制度""建设人人有责、人人尽责、人人享有的社会治理共同体"。共享治理共同体目前面临"共享人群"偏少、"共享责任"式微、"共享行动"受限、"共享利益"分化等现实困境。

无处不在的公共安全，呼唤着安全管理的转型。基层政府和职能部

---

① 中共中央文献研究室：《习近平关于社会主义社会建设论述摘编》，中央文献出版社2017年版，第155页。

门即使再尽力，力量也毕竟是有限的。政府"包打天下"的保姆式安全监管理念，很容易陷入大包大揽的误区和条块分割的盲区。大政府小社会或小政府大社会都不是最优解。有为政府、有效市场、有心市民，方能构建有序社会。因此，把更多人动员起来，让安全管理建立在全民共建共享的基础之上，才能让政府监管与立法司法、企业自律、媒体监督、社会协同、公众参与、法治保障等良性互补、合理互动，形成覆盖面更广的新型安全管理、社会共治新格局。"拓展人民群众参与公共安全治理的有效途径""动员全社会的力量来维护公共安全"，这本身就是群众观点和群众路线在公共安全管理上的体现。唯有以现代治理方式，凝聚起更多人的力量，形成"社会共治"，才能编织起全方位、立体化的公共安全网，维护好安全这一涉及千家万户的安全问题。

每个人都是公共安全的受益者，也应当成为公共安全的参与者和推动者，发动群众力量，画好公共安全治理的同心圆。首先，培育共享文化，形成共享凝聚力，以共享文化滋养治理共同体，使每个人不再囿于私人领域，从社会共同利益出发，主动参与和投入公共安全治理。面对复杂主体需求，整合公共服务思维，整合共享平台模块，升级线上共享平台，保障更多群体的利益，拓宽共享平台的受众范围，强化共享责任意识。政府作为治理的指导性主体，应依托社区（村组）行政性事务、自治性事务和社区（村组服务），出台制度、制定规则，明确流程，形成社会激励规范，以新闻宣传、金钱激励、荣誉榜等方式驱动共享共治共同体的集体行动。

广东省佛山市禅城区"1+2+N"共享项目有效地破解了社区治理中的"共享困境"，形成以共同的"目标—责任—行动—利益"为一体的共享社区治理共同体创新形态。其中，"1"是指一个领导核心，表现为社区党组织及党员干部的引领作用；"2"是指线上线下两个共享平台；"N"是指参与共享社区治理的多个主体，包括街道办事处、居民委员会、小区业主委员会、物业管理公司、辖区共建单位、社会工作机构、社区居民等。在构建逻辑上，共享社区治理共同体包括共享理念凝聚共同目标、共享平台培育共同责任、共享资源连接共同行动和共享规范保障共同利益四大机制。

公共安全社区（村组）治理共同体通过联结"利益—情感—文化"三大要素，提供一个满足社区居民情感需求、社区归属感、安全感和获得感的交往空间，从而构建以社区利益共同体、社区情感有机体和布局社区文化空间为一体的发展路径。由小及大，平安广东公共安全治理共同体，应当形成一个满足广东人民情感需求、归属感、安全感、获得感的安全空间，坚持底线思维，明晰法律规则和责任；同时更进一步使人们愿意参与公共安全治理、敢于实施公共安全共同治理、切实享受公共安全治理成果。

第六章

网络安全：平安广东建设的
新空间

没有网络安全就没有国家安全。党的十八大以来，党和国家高度重视网络安全工作。在习近平总书记关于网络强国的重要思想引领下，我国网络安全工作成绩显著，网络安全政策法规体系不断完善，全社会网络意识不断提升，网络安全产业不断壮大，网络安全防线全方位巩固，有力护航我国经济社会发展。广东全面贯彻落实习近平总书记、党中央决策部署，坚持守正创新、开拓进取，推动全省网络安全工作取得新进展新成效，2022年广东互联网发展指数综合排名全国第一，网络安全指数排名全国居首。党对网络安全工作的领导全面加强，网络意识形态阵地更加稳固，网络综合治理体系基本建成，网络安全屏障有效筑牢。

一 网络安全是平安广东建设的最大变量和最大增量

（一）网络安全是平安广东建设的最大变量

互联网已经成为老百姓"接受信息""传播信息""发声表达"的主渠道，"娱乐消遣""支付理财""办公社交"的主要载体。习近平总书记用"四个前所未有"深刻阐述了互联网发展的重大影响和作用。习近平总书记指出："互联网快速发展的影响范围之广、程度之深是其他科技成果所难以比拟的。互联网发展给生产力和生产关系带来的变革是前所未有的，给世界政治经济格局带来的深刻调整是前所未有的，给国家主权和国家安全带来的冲击是前所未有的，给不同文化和价值观念交流交融交锋产生的影响也是前所未有的。"①2023年8月28日，中国互联网络信息中心（CNNIC）在京发布第52次《中国互联网络发展状况统计报告》（以下简称《报告》）。《报告》显示，截至2023年6月，我国网民规模达10.79亿人，较2022年12月增长1109万人，互联网普及率达76.4%。在网络基础资源方面，截至2023年6月，我国域名总数为3024万个；IPv6地址数量为68055块/32，IPv6活跃用户数达7.67亿；互联网宽带接入端口数量达11.1亿个；光缆线路总长度达6196万公里。在移动网络发展方面，截至2023年6月，我国移动电话基站总数达1129万个，其中累计建成开通5G基站293.7万个，占移动基站总数的26%；移动互联网累计流量达1423亿GB，同比增长14.6%；移动互联网应用蓬勃发展，国内市场上监测到的活跃APP数量达260万款，进一步覆盖网民日常学习、工作、生活。截至2023年6月，即时通信、网络视频、短视频用户规模分别达10.47亿人、10.44亿人和10.26亿人，用户使用率分别为97.1%、96.8%和95.2%。网约车、在线旅行预订、网络文学等用户规模实现较快增长。截至2023年6月，网约车、在线旅行预订、网络文学的用户规模较2022年12月分别增长3492万人、3091万人、3592万人，增长率分别为8.0%、7.3%和7.3%，成为用户规模增长最快的三类应用。习近平总书记指出："人在哪儿，宣传思想工作的重点就在哪儿，网络空间已经成为人们生产生活的新空间，那就也应该成为我们党凝聚共识的新空间。"②这反复警醒我们：互联网已经成为"意识形态斗争的主阵地、主战场、最前沿"，成为社会主义事业建设的"最大变量"。

网络安全事关国家安全命运。在大数据智能化时代，信息技术正在编

---

① 中央网络安全和信息化委员会办公室：《习近平总书记关于网络强国的重要思想概论》，人民出版社2023年版，第1页。
② 《习近平谈治国理政》第3卷，外文出版社2020年版，第318页。

织起一个超大规模的大型场景式社交网络，使得国际国内、线上线下、虚拟现实、体制外体制内等界限日益模糊，网络舆论场、算法中的意识形态更加复杂，通过网络的加持，"茶杯里的小风波"极可能发酵成"影响社会稳定的大风暴"，意识形态领域许多新情况新问题往往因网而生、因网而增，许多错误思潮也都以网络为温床生成发酵。没有网络安全就没有国家安全，互联网是一个没有硝烟的战场，一些西方政客宣称："有了互联网，对付中国就有了办法。""社会主义中国膜拜西方、主动投入西方怀抱将从互联网开始。"这些言论时刻警醒着我们：网络安全是事关国家安全的"最大变量"。

（二）网络安全是平安广东建设的最大增量

网络安全是发展的前提保障。没有网络安全就没有国家安全，就没有经济社会的平稳健康发展。当前，全球新一轮科技革命和产业变革深入推进，信息技术日新月异，数字经济成为全球经济增长的新动能，数据成为新的生产要素和战略资源，数字治理成为全球治理的新领域。数字中国建设是以数字化助力中国式现代化的内在要求，是紧紧抓住经济全球化和信息技术革命历史机遇、推动经济建设新旧动能加速转换、抢占新一轮科技竞争制高点、构筑国际竞争新优势的迫切需要。安全是发展的前提和保障，因此推进数字中国建设必须以强化网络安全为前提。

网络安全产业是新兴产业不可或缺的重要组成部分。据中国网络安全产业联盟（CCIA）统计，截至2023年上半年，我国共有3984家公司开展网络安全业务，同比增长22.4%。国内网络安全主要企业调研数据分析显示，2022年我国网络安全市场规模约为633亿元，同比增长3.1%，近三年行业总体保持增长态势。数字经济发展进入快车道，开辟了更多网络安全产业"新赛道"，数据安全、云原生安全、工业互联网安全、物联网安全、车联网安全等应用场景安全需求，智慧城市建设中交通、能源、医疗等新基建安全需求，5G、人工智能、量子信息、元宇宙等新技术安全需求，均将成为支撑网络安全市场规模扩容并高速增长的新板块，网络安全产业发展逐步向"政策+需求"双轮驱动进阶。广东是互联网大省、信息产业大省，肩负着在推进中国式现代化建设中走在前列的使命任务。这要求我们必须系统谋划做好网络信息安全工作，切实发挥网信事业战略性、引领性作用，提高用网管网治网水平，把互联网这个"最大变量"变成广东社会发展的"最大增量"。

二 网络安全建设的平安广东实践经验

（一）毫不动摇坚持党管互联网，顶层设计网络安全工作

党政军民学，东西南北中，党是领导一切的。始终站在"过不了互联网这一关，就过不了长期执政这一关"的政治高度，深刻把握信息革命的"时"与"势"，不断加强党对网络信息安全工作的全面领导，网络安全体制机制日益健全。

以组织体系建设为基础，把准网络安全方向。在全国率先构建起纵横联动的省委、市委、区委、街镇党（工）、村委五级工作体系。同时不断加强网络信息领域党的基层组织建设。如2018年成立的省互联网行业党委，依托省委网络信息办开展日常工作，以"条块结合、以块为主"为原则建立起规范的网络信息行业党建工作体制机制，通过党建引领互联网行业发展的方向，筑牢网络安全屏障。如深信服科技股份有限公司以"红色海燕"党建品牌为抓手，持续强化人员政治意识和安全意识，保障技术可靠、人员可信。目前，深信服海燕党支部、海燕服务队已为北京冬奥会、

深圳文博会等重大活动提供网络安全保障，切实担负起网络安全"守护者"的责任。

以政策法规建设为保障，守好网络安全的底线。广东是全国首批开展工业数据分类分级试验验证的四个省份之一，先后制定印发《广东省自然资源政务数据目录（试行）》《广东省网络与信息安全事件应急预案》《广东省电子政务信息安全管理暂行办法》等政策法规或者技术规范，从机构人员、技术基础、制度规范等方面强化网络安全防护水平。伴随着互联网平台经济的快速发展，不公平竞争问题日益突出。广东省市场监管局发布《广东省互联网平台经营者竞争合规指引（反垄断）》，倡导互联网平台经营者主动建立反垄断合规制度，提升反垄断合规能力。为约束电商平台"临时变卦"，广东省市场监督管理局制定印发了《电子商务平台经营者修改平台服务协议和交易规则操作指南》，明确指出电商平台企业修订服务协议和交易规则要按流程，涉及调整计价规则的，要提前一个月向社会公布。该指南是全国首个针对上述问题的操作指南。广东以法治构筑网络文明根基，将网络文明促进行动纳入广东精神文明创建九大行动，出台为期三年的《广东省网络文明促进行动实施方案》，推动网络文明立法，把文明上网相关内容写进《广东省文明行为促进条例》。

以人才队伍建设为支撑，筑牢网络安全防线。党的十八大以来，国家相关部门推出一系列强有力的政策推进网络安全人才培养、技术创新、产业发展的良好生态链的形成。比如2016年制定出台《关于加强网络安全学科建设和人才培养的意见》，加强网络空间安全一级学科专业建设，完善不同层次网络安全人才体系建设，建立网络学院，等等，网络安全学科建设和人才培养进程加快推进。数据显示，目前广东省已有20多所高等院校开设网络安全相关专业，涉及网络空间安全、信息安全、网络安全与执法、密码科学与技术等。2019年广东省人社厅联合省科协印发首个网络空间安全工程领域职称评价实施方案及标准——《广东省网络空间安全工程技术人才职称评价改革实施方案》，从制度上确立了网络空间安全专业技术人员的职业发展通道，为网络空间安全事业发展提供人才智力支撑。

（二）凝心聚力坚持正能量总要求，唱响网络安全主旋律

坚持举旗铸魂，以党的最新理论引领网络安全发展。广东地处"两个前沿"的风口浪尖，更要增强前沿意识、窗口意识，廓清思想迷雾，凝聚思想共识，切实用习近平总书记重要讲话精神武装头脑，牢牢扛起守好网络意识形态安全"南大门"的政治责任。实施"粤学习"网上理论传播工程，全面提升习近平新时代中国特色社会主义思想的网上传播力度、密度和深度，全面反映广东坚决贯彻落实习近平新时代中国特色社会主义思想的具体举措和生动实践。让马克思主义中国化时代化最新理论成果通过互联网"飞入寻常百姓家"，党的声音始终成为网络空间最强音，马克思主义意识形态的指导地位进一步巩固。

坚持守正创新，以优质的网络文化塑造网络安全。围绕重大主题，多措并举地进行网上传播，推动正能量赢得大流量。开展了"战疫冲在前、脱贫我争先""大V看小康·幸福广东"等系列主题采风活动；推出了"百年辉煌 我心向党"大型融媒体专题、"理响湾区·理论共学"系列主题视频等。围绕岭南优秀传统文化创造性转化、创新性发展，打造网络传播"爆款"作品，形成同频共振的舆论强势。出品了《白蛇传·情》《谯国夫人》《南越宫词》《雄狮少年》等一批影视佳作，策划了《锦绣中华 大美岭南——传承岭南文化、讲好岭南故事》网络视听品牌节目。

坚持向上向善，以良好道德风尚滋养网络空间。开展网络文明宣传季、"网聚南粤正能量"高峰论坛等品牌活动。广泛开展典型人物网上宣传，如道德模范、时代楷模、优秀志愿者、最美人物等。持续深入实施争

做中国好网民工程，开展"汇聚南粤正能量　争做中国好网民"活动。抗疫先锋钟南山、布衣院士卢永根、志愿哥张军文、独臂少年张家城等人的事迹温暖了人心，感动了南粤大地，让讲道德、尊道德、守道德在网络空间蔚然成风。

（三）持之以恒坚持筑牢网络安全屏障，营造网络安全生态

聚焦数字政府网络安全。广东省已形成"粤盾"攻防演练、网络安全指数和网络安全工作绩效考核"三方联动"的模式，协同促进了数字政府网络安全整体水平提升。连续四年举办"粤盾"演练活动，坚持整体防护、动态防护、纵深防护理念，突出实战。2023年演练发现并通报了17个重要网络安全隐患，有效排除了省内重要信息系统网络安全风险。2021年出台《广东省数字政府网络安全指数指标体系》，这是全国首个体系化、可落地的省级数字政府网络安全指数，实现了数字政府网络安全工作从"看不见、摸不着"到"可量化、可评估"的转变，从而进一步筑牢数字政府网络安全防线，为全国输出了数字政府网络信息安全建设的广东经验和样本，也为网络安全工作开展提供了指引。

聚焦网络安全意识培育。重点依托国家网络安全宣传周，增强全民网络安全意识。2014年以来，连续举办十届网络安全宣传周，不仅开展网络安全基础知识宣传，举办网络安全专业论坛、网络安全大赛与知识竞赛、网络安全进基层等系列活动，还举办校园日、电信日、金融日、个人信息保护日等网络安全主题日活动，广泛营造"网络安全人人参与、人人有责、人人共享"的舆论氛围，增强全社会共筑网络安全防线的责任意识。

聚焦突出的网络安全问题。依托"粤·清朗""粤·守护""网络生态治理"等综合整治行动，广东每年定期对全省网站平台进行"全面扫描"和"深度体检"，对突出问题系统性整治纠偏，针对性制定根治之

策，依法严厉打击网络诈骗、网络谣言、网络水军、低俗色情、血腥暴力等违法违规行为，建设了"网络安全110""广东互联网违法和不良信息举报中心"等平台，完善举报信息的处理与反馈机制等。清除有害信息传播土壤，网络生态持续向好。截至2023年5月22日，重点网络平台累计处置违规账号92.76万余个，其中关闭的永久账号有6.66万余个，清理违规信息141.09万余条，对外发布公告110余期。强化数据安全管理和个人信息保护，建立健全数据安全法、个人信息保护法配套政策体系，推动落实网络数据分类分级保护制度。例如不定期对APP数据安全和个人信息保护开展专项治理；多部门联合对全省邮政快递行业数据安全及个人信息安全保护开展检查专项行动；推动重点互联网企业向社会公开作出"加强个人信息保护"承诺，压实企业主体责任；等等。针对媒体曝光群众关切的未成年人可绕过实名认证"一键登录"一些网络游戏、充值后家长举证退费难等问题积极回应，广东消委会就相关问题召集公益律师、行业专家和有关部门进行深入研究，分析问题，寻找解决方案，召集多家网络游戏公司、软件平台企业参加"未成年人游戏充值监督约谈会"，要求他们重视未成年人消费者权益保护，采取有效措施解决未成年人利用成年人账户登录游戏、充值退费等问题，履行好防止未成年人沉迷网络游戏的法定责任和义务。

聚焦关键信息基础设施保护。近年来，广东都在深入开展网络安全大排查大整治大演练，整改突出问题和薄弱环节。广东省网络安全应急办公室常态化运作，统筹做好监测预警、应急处置、态势通报和检查督导。如2023年6月广东电信发生大面积宕机服务，应对这一突发事件展现出广东省高效的网络安全应急处理能力。事件一出，广东省通信管理局当晚立即组织多单位网络运行安全紧急调度会，在工信部、中国电信集团公司远程指挥及广东省通信管理局现场指挥下，广东电信通过紧急采取重启链路等措施一线处置，最终恢复网络服务。而各市县网络信息部门也逐渐建立健全网络安全工作机构，公安、保密、密码、安全、通管等部门职能作用进一步发挥，以检促管、以演促练、以练促战，党政机关和关键信息基础设施的网络安全防护力不断提升。

聚焦产学研融合。广东积极发挥主体作用与区域责任，大力发展网络安全产业。广东很早提出加快网络安全等保障体系建设，推动信息技术在国民经济各行业和各领域中的广泛应用；"十四五"规划明确要求推进网络安全产业发展。数据显示，截至2021年广东网络安全企业数量已超2.5万家。截至2022年底，广州市有401家网络安全企业，并且成立了粤港澳大湾区首个网络安全产业园。[①]经济实力、产业发展为广东带来大量网络安全市场需求，助推网络行业企业、科研机构、投资机构、孵化器等协同发力。目前，多家知名互联网公司在广东设立网络安全研究中心，如广州绿盟网络安全技术有限公司与华南理工大学、广州大学、华南农业大学建立联合实验室、网络安全创新技术研究基地及网络安全人才教育实践基地，共享产学研资源。

▼△ 三　筑牢网络安全的平安广东新防线新格局新平台

（一）加强网络安全管理，激活改革动力，筑牢网络安全新防线

继续完善网络安全法规制度。进一步建立健全网络安全的法律保障体系，使网络安全法治化，维护网络空间持续发展与安全。不断建立数据分类分级保护制度、数据出境管理制度、数据安全审查制度等，统筹加强对

---

① 《广东网络安全攻防战：数字时代的挑战与应对》，《21世纪经济报道》2023年9月15日。

核心数据的保护，提高网络数据监测预警以及应急处置能力。

继续加强网络安全监管。开展网络设备日常巡检和自查，及时采取措施堵塞网络安全风险漏洞，查漏补缺，减少风险点，维护计算机及网络基础设施安全。不断创新和落实网络安全战略，实现权责明确的多部门联动结合监管和合作协调，提高跨部门的网络安全响应能力，加强网络安全监管工作。

继续提升网络安全素养。一是制订人才专项计划。通过学校系统地开展网络安全基础知识教育，提升青少年网络安全素养；通过专项培训活动培养网络安全专业人才；通过高水平的行业竞赛发现和培养特殊人才，以"硬实力"打造一支具有竞争力的网络安全团队。二是加强网络安全意识的培育。一方面以活动强化网络安全意识，如积极广泛开展网络安全应急处置应急演练，开展网络安全风险点摸排，强化重要数据安全和个人信息保护意识；另一方面积极动员政府、企业、社会组织和广大网民参与配合网络安全宣传，着力增强公众的网络安全意识。

（二）推进"数字湾区"建设，激活开放动力，筑牢网络安全新格局

推动粤东粤西粤北地区融入湾区。目前广东省下辖21个地级市、65个市辖区、20个县级市、34个县、3个自治县。《2022广东省数字政府网络安全指数评估报告》指出，全省数字政府网络安全指数从2020年的53.81分提升至2022年的64.19分，同比增长19.3%；网络安全指数达到受控级以上水平的地市由6个增加到12个，同比增长100%。但是在政府网络安全管理、网络安全建设、网络安全运营、网络安全效果上存在差异。数字政府网络安全的现状足以说明各地区网络安全参差不齐。扩大区域间的网络安全协作有利于提升广东省网络安全整体水平。一是以"千百万工程"为抓手，促进城乡网络安全协调发展；二是建立帮扶机制，缩小各地区网络安

全差距；三是推动珠三角网络安全产业向粤东粤西粤北地区转移，推进湾区网络安全向更高水平更高质量迈进。

推动网络数据要素合规高效、网络安全有序流通。探索建设"港澳数据特区"，实施"南数北上、北数南下"计划，运用隐私计算、安全隔离、可信验证等关键技术，加强跨境数据流通服务与分类管理，确保数据安全、使用合规和范围可控。按照国家相关法律法规要求，围绕教育、社保、医疗、户籍、婚育、养老、交通等高频公共服务数据需求，探索推行数据跨境流通"白名单"制度，通过纳入数据授权跨境目录、数据主体授权等模式，实现数据安全有序跨境。建设全国一体化算力网络粤港澳大湾区国家枢纽韶关数据中心集群，探索在特定区域建设离岸数据中心，为粤港澳三地提供数据跨境服务。

推动网络安全和数据安全防护合作。建立大湾区网络安全协调联动机制，开展以信息共享共治为核心的基础框架研究，建立健全大湾区网络安全信息通报预警机制。建立大湾区网络安全标准体系，促进网络安全信息共享，推动网络安全资质互认，构建区域网络安全态势感知体系，共同应对区域内重大网络安全事件，提升大湾区网络安全综合保障能力。搭建涵盖可信身份、可信数据和网络行为等关键要素的大湾区电子认证互认平台。加强重要数据和个人信息跨境流动发现、阻断和溯源等监管能力建设，切实保障数据安全。

推动建立粤港澳"数字空间"治理新格局。加强粤港澳三地数字技术联合创新攻关，探索构建统一的"数字空间"底层技术体系，建立数字资产确权、交易、隐私保护等配套管理制度和行业标准规范。支持大湾区征信机构开展跨境合作交流，探索推进征信产品互认。探索构建常态化科研数据审核体系，支持科研合作项目需要的应用研究、医疗等数据资源在大湾区内有序跨境流动。积极协调国家有关部门在网络实现科研数据跨境互通。在粤港澳联合设立的高校、科研机构建立专用科研网络，实现科研数据跨境互联。

（三）提升技术赋能，激活创新动力，筑牢网络安全新平台

加强网络安全管理的统筹规划。加大研究资金的投入，提高研究储备，并且及时调整广东网络安全发展的顶层设计，创新网络防御技术，以及制定应对网络空间威胁的策略。加大网络安全核心技术的创新和产业支持，更加注重研究和攻关"零信任"等前沿技术，同时加快推进基于开发网络安全运营、主动免疫和零信任等框架的网络安全体系的研发工作。加强在卫星互联网和量子通信等领域的安全技术研究和开发。要更加注重产教合作，以提升学科教育的力度。还要进一步加快网络安全专业人才队伍的培育，建立完善的网络安全职业培训标准和认证规则，以培养具备实战能力的网络安全专业人才。

加强人工智能在网络安全中的应用。当前人工智能在网络空间应用十分广泛，不仅用来分析数据、检测网络攻击，还可以实现流程自动化，有助于网络安全专家分析并确定网络攻击的方式和防御措施。自主智能算力是人工智能发展的基础。为强化人工智能在网络安全中的应用，打造通用人工智能算力生态。广东在鹏城实验室、韶关数据中心集群、横琴先进智能计算平台、广深超算中心等重大算力设施平台基础上进一步夯实自主算力底座，推动实现国内算力自主可控。强化在全国智算中心、超算中心、数据中心等大型异构算力资源互联互通、协同调度与高效计算等方面的核心作用，支撑"东数西算""中国算力网"等国家重要任务建设。通过研发自主算力芯片及工具链、构建完善的自主可控人工智能软硬件生态、加快建设国家算力总调度中心等，广东将构建通用人工智能算力枢纽中心，推动在自主智能算力规模上形成显著优势。

第七章

人民安全：平安广东建设的宗旨

统筹发展与安全，增强忧患意识，是我们党长期治国理政的一个重大原则。党的十八大以来，以习近平同志为核心的党中央着眼于国家长治久安、人民安居乐业，把平安中国建设置于中国特色社会主义事业发展全局中谋划推进，人民获得感、幸福感、安全感更加充实、更有保障、更可持续。人民安全是国家安全的宗旨，也是平安中国建设的目的。新时代新征程，我们要深刻感悟习近平总书记的赤子情怀，坚定地站稳人民立场，自觉问计于民、问需于民，把惠民生、暖民心、顺民意的工作做到人民群众的心坎上，不断满足人民群众的美好生活需要，坚持从为了人民、依靠人民、造福人民、保护人民出发来推进平安广东建设。

一 坚持以人民安全为宗旨的平安广东建设

党的十八大以来，"人民安全"作为国家安全现代化的价值理念和价值追求，得到了人们的广泛认同。《中共中央关于党的百年奋斗重大成就和历史经验的决议》指出，"国泰民安是人民群众最基本、最普遍的愿望。必须坚持底线思维、居安思危、未雨绸缪，坚持国家利益至上，以人民安全为宗旨"[①]。党的二十大报告强调："国家安全是民族复兴的根基，社会稳定是国家强盛的前提"，"要坚持以人民安全为宗旨"，

---

① 《中共中央关于党的百年奋斗重大成就和历史经验的决议》，人民出版社2021年版，第55—56页。

"建设更高水平的平安中国，以新安全格局保障新发展格局"。①人民安全是我国进入新发展阶段后，贯彻新安全理念和构建新安全格局的灵魂与宗旨。

把人民安全置于国家安全所有其他要素之前，首先要强调"以人民安全为宗旨"，这充分说明，在整个国家安全体系中，无论最终包括多少要素，也无论这些不同要素在国家安全体系中处于什么地位，人民安全都处于各种要素的首位，是整个国家安全的核心要素。如果说在国家安全众多要素构成的"同心圆"框架中，人民安全是国家安全的核心，那么在国家安全体系中，人民安全则是整个国家安全和国家安全工作的最终目的。

平安广东建设以人民安全为宗旨，就是以维护和保障人民安全为出发点与落脚点，在平安广东建设中牢牢抓住人民安全的主线，坚持人民主体地位，重视人民主体价值，彰显平安广东建设的人民性特征。人民安全是平安广东建设的基石，平安广东建设归根结底是保障人民的利益。平安广东建设坚持以人民安全为宗旨就意味着，平安广东建设须紧紧围绕保障人民安全这个中心任务而展开，人民安全是平安广东建设须遵循的原则。平安广东建设涵盖了诸如政治、经济、网络、生态、军事等多方面的安全，但这些方面的安全最终服务和统一于人民安全，其根本目的与旨向在于保障人民安全。平安广东建设坚持以人民安全为宗旨，既彰显了平安广东建设的价值理念，又契合了平安广东建设的内在要求，同时还激发了平安广东建设的力量源泉。

第一，以人民安全为宗旨彰显平安广东建设的价值理念。坚持把人民安全作为平安广东建设的宗旨，更为突出人民安全的价值，是以人民为中心的发展思想在安全治理和平安广东建设领域的贯彻落实，体现着人民至

---

① 习近平：《高举中国特色社会主义伟大旗帜 为全面建设社会主义现代化国家而团结奋斗——在中国共产党第二十次全国代表大会上的报告》，人民出版社2022年版，第52—53页。

上的价值立场与价值理念。习近平总书记指出，"人民是我们党执政的最大底气，是我们共和国的坚实根基，是我们强党兴国的根本所在"，"党的一切工作都是为了实现好、维护好、发展好最广大人民根本利益"。^①党的根基在人民、最大底气在人民，密切联系人民群众是党的最大政治优势。平安广东建设要以人民安全为宗旨，牢记"江山就是人民，人民就是江山"^②，把人民对平安的需求作为努力方向，由人民共建共治共享平安广东，确保人民安居乐业、社会安定有序。推进平安广东建设，需要紧紧抓住人民安全的关键，把切实增强人民的获得感、幸福感、安全感作为平安广东建设的最高目标，作为平安广东建设工作的出发点和落脚点，以更有效地维护社会和谐稳定，保障人民根本利益。

第二，以人民安全为宗旨契合平安广东建设的内在要求。我国是社会主义国家，国家性质决定了我国的改革发展和社会治理须以人民为本位，努力实现好、维护好、发展好广大人民群众的根本利益。平安广东建设以人民安全为宗旨，是社会主义国家以人为本价值的内在规定性使然。进入新时代，我国社会主要矛盾发生了转变，人民不仅对物质文化生活提出了更高要求，而且在民主、法治、安全、环境等方面的要求也日益增长。安全是人民最基本、最朴素、最普遍的需要，是人民群众解决温饱后的第一需求，是极重要的民生，是最基本的发展环境，是实现人民对美好生活需求的重要前提。基于社会生产力的发展，以及社会整体发展环境的变化，人民群众对安全的需求日益广泛，这成为国家安全治理和平安广东建设的内在诉求与驱动力。新时代，以习近平同志为核心的党中央始终将"人民群众生命财产安全"放在首要位置，"人民安全感"也已经成为衡量社会发展和人民幸福的价值标尺。习近平总书记指出，"平安"是"极重要的

---

① 《习近平谈治国理政》第3卷，外文出版社2020年版，第137页。

② 《习近平著作选读》第1卷，人民出版社2023年版，第38页。

民生"，"安全感"是衡量民生幸福的关键指标，只有切实保障人民安全，全面提升人民安全感，人民群众的获得感才能更有保障，幸福感才能更加持久。平安广东建设以人民安全为宗旨，从最根本的意义上说，是积极回应人民日益增长的安全需求的内在必然要求，平安广东建设须抓住人民群众最关心最直接最现实的利益问题，不断实现好、维护好、发展好广大人民群众的根本利益。

第三，以人民安全为宗旨激发平安广东建设的力量源泉。新时代国家安全治理和平安广东建设的基本理念是共建共治共享，这也蕴含着对人民是国家安全治理和平安广东建设主体地位的肯定。人民群众是创造历史的根本动力，是建设中国特色社会主义事业的主体，也是推动国家安全治理和平安中国建设的主体，平安中国建设须紧密依靠人民群众，向人民群众问计，向人民群众请教，听人民群众的意见，由人民群众衡量建设成效。党的根基在人民，党的力量在人民。习近平总书记强调，要"创新组织群众、发动群众的机制，创新为民谋利、为民办事、为民解忧的机制，让群众的聪明才智成为社会治理创新的不竭源泉"①。人民群众的参与对维护公共安全、应对和预防安全风险非常关键，要坚持人民立场和群众路线，动员全社会的力量来维护公共安全，推动平安广东建设。因此，平安广东建设以人民安全为宗旨，坚守党的人民立场和群众路线，肯定人民群众是平安广东建设的主体，有利于激发人民群众在平安广东建设中的主体作用，拓展平安广东建设中的社会参与，促进多元主体共建共治共享，激发平安广东建设的力量源泉，团结一切可以团结的力量，最大限度增加和谐因素，增强社会安全治理活力，充分发挥人民群众的积极性、主动性、创造性，齐心协力推进平安广东建设，确保人民安居乐业、社会安定有序。

---

① 《习近平谈治国理政》第3卷，外文出版社2020年版，第352—353页。

▼二 始终把人民安全作为平安广东建设的出发点与落脚点

党的十八大以来，广东牢记习近平总书记殷殷嘱托，深入学习贯彻习近平总书记关于平安建设的重要论述和视察广东重要讲话、重要指示精神，坚定贯彻总体国家安全观，高度重视正确处理改革发展稳定关系，强化顶层设计系统谋划平安广东建设，致力打造社会治安新格局，探索创新基层治理，为群众办实事解难题，把保障人民安全和社会安定作为平安广东建设的基础性工作来抓，把平安广东建设向更深层次、更宽领域、更高质量推进。广东各地各有关部门把平安广东建设摆在突出位置，全力防风险、保安全、护稳定、促发展，持续打造全国最安全稳定、最公平公正、法治环境最好的地区之一，为改革开放和中国式现代化建设营造良好安全环境。

平安来源于安宁的居所、安康的生活、安全的环境、安定的社会，体现着人民群众内心的安全感。统计数据显示，进入新时代以来，广东人民群众安全感和对社会治安的满意度显著提高。2021年，在中央对广东人民群众安全感的调查中，群众感觉"安全"和"比较安全"的超98%；2022年，广东人民群众对平安建设的满意度达98.4%，群众安全感超98.6%，均创历史新高。

第一，强化人民安全顶层设计，系统谋划平安广东建设。广东统筹发展和安全，突出"大平安"理念，构建"大安全"格局，把平安广东建设融入经济社会发展全局一体谋划、整体推进，搭建并夯实平安广东建设体系，贯彻落实人民平安的宗旨。一方面，不断健全制度体系。广东省十二届人大常委会第三十三次会议通过《广东省人民代表大会常务委员会关于深化平安广东建设的决定》；广东省十三届人大常委会第三十七次会议表决通过《广东省平安建设条例》，并于2022年1月1日起施行，广东成为全国首批完成平安建设专门立法的省份之一；广东省委、省政府印发《关于加快推进社会治理现代化建设平安广东的意见》《"十四五"平安广东建设规划》《广东省加快推进社会治理现代化"十四五"规划》；以贯彻执行《中国共产党政法工作条例》为抓手，推动省、市、县三级建立完善的纵到底、横到边的平安广东建设制度体系。实践中，广东以平安建设考评为牵引，以人民安全为评价标准指引，通过科学设置考评指标，规范考评程序，并对考核实施约谈等措施，持续提升平安广东建设执行力。另一方面，强化组织领导能力。省、市、县三级全覆盖成立由党委主要负责同志任组长的平安广东建设领导小组，镇（街）探索建立平安广东建设协调运作机制，上下联动整合资源力量，把党的领导优势转化为平安广东建设效能。此外，拧紧责任链条。各级平安办履行牵头抓总、统筹协调、督促落实职责，建立健全重点行业领域平安建设协调机制，形成问题联治、工作联动、平安联创、齐抓共管局面。同时，落实平安广东建设领导责任制和目标管理责任制，发挥导向激励作用，倒逼责任落实。在制度牵引下，广东各地各有关部门打好平安广东建设主动仗，落实"重点个案交办督办""一案一策"措施，最大限度将矛盾和风险化解于无形，保障人民安全和社会稳定有序。

第二，致力打造人民安全新格局，保障人民生命财产安全。党的十八大以来，广东持续推进立体化、智能化社会治安防控体系建设，建设治安巡防管控"四个一"体系，将社会治安防控网织得更密更牢，打造网上网下融合、人防物防技防相结合、打防管控一体的社会治安新格局。

其一，为进一步健全社会治安防控体系，广东设置了"135快速反应圈"，组建最小应急单元。面对受地理位置分布、城市交通拥堵等因素影响，公安机关力量难以确保第一时间快速抵达中心现场应对处置等问题挑战，广东根据城市重点场所、重点目标等划定最小安全防范区域，形成单元内突发事件先期处置的机制、平台、阵地和队伍，建立了最小应急单元3.8万个。最小应急单元的普及，有效解决了突发公共安全事件先期处置"最后一百米"问题。近年来，广州市打造"召之即来、来之能战、战之必胜"的最小应急单元防控体系，确保风险隐患防范在前、化解在后、处置在早。

其二，毫不动摇坚持依法严打方针，持续开展扫黑除恶专项斗争等各项打击整治行动。打击黑恶势力犯罪，广东决心不变、标准不降、力度不减，常态化开展扫黑除恶斗争，"12337"平台线索按期核查完结率达100%，目标逃犯到案数全国第一。电信网络诈骗犯罪是人民群众反映最强烈的新型违法犯罪之一，广东坚持侦查打击、重点整治、防范治理、机制建设等四个方面措施同步推进。比如，2022年9月16日至18日，广东省公安厅组织开展打击整治经济犯罪和电信诈骗犯罪集中清查统一行动，共侦破经济犯罪和电信诈骗案件3527起，抓获违法犯罪人员1.3万余名，追逃劝投在逃人员208名。2022年以来，广东省成立省反偷渡反走私联合行动指挥部，不断加大打击偷渡走私违法犯罪力度，常态化开展联合执法行动，广东珠江口、北部湾偷渡走私活动明显减少。惩恶扬善，除暴安良。数据显示，面对影响人民群众安全感的各类突出违法犯罪，广东发挥"特别能战斗"精神，始终保持严打高压势头。

其三，针对安全生产综合治理，全覆盖推进道路交通安全风险防范排查、重大危险源企业和重大危险源排查等专项整治，同时高标准抓好防汛防旱防风工作。2022年以来，全省安全生产事故数、死亡人数、直接经济损失同比均明显下降。

其四，针对问题青少年、社区矫正对象等重点人群服务管理。广东加强人文关怀和跟踪帮扶，省、市、县三级社区矫正委员会已全覆盖，社会心理服务站（室）乡镇（街道）覆盖率达100%。

第三，探索创新基层治理，满足人民安全需要。人民群众是基层治理的源头活水，近年来，广东不断探索社会治理体制机制改革，加快推进构建基层社会治理新格局，以点带面推动社会治理整体工作走在全国前列。广东坚持和发展新时代"枫桥经验"，全面提升社会治理社会化、法治化、智能化、专业化水平。通过建立起覆盖全省城乡的"综治中心+网格化+信息化"工作体系和工作机制，整合基层治理资源，提升基层治理综合网格服务管理水平，广东推动形成"上面千条线，下面一张网"的现代治理模式，取得了小事不出村（社区）、大事不出镇（街），矛盾不上交、平安不出事的良好效果。构建"1+6+N"基层社会治理工作体系，把乡镇（街道）作为"一站式"矛盾纠纷调处"主战场"，以综治中心为枢纽，以综合网格为单元，以"粤平安"社会治理云平台为支撑，整合法院、检察、公安、司法行政等基层力量，不断夯实平安广东建设根基。目前，全省已建成镇街综治中心1609个，配备专兼职网格员19.6万名，实现网格化服务管理全覆盖；建立各类群防群治组织9.2万个，各地城区"一社区一警两辅"、农村"一村一警（辅）"覆盖率达100%。广州"红棉指数"、深圳"社区发令、部门执行"机制、惠州"粤心安"健康服务社、江门"综治中心+信访超市+外送服务"机制、清远"网格化+信息化""网格员+信息员"建设、梅州"定分止争客家围屋法"、潮州"茶文化六步调解法"……推进市域社会治理现代化，广东各地不断探索创新，推出不少新经验、好做法。其中，深圳群众诉求"光明模式"、珠海"平安+"指数、汕尾"民情地图"等经验做法在全国获交流推广。

第四，为人民安全办实事解难题，保障人民安居乐业。广东是我国改革开放的排头兵、先行地、实验区，是全国常住人口、外来流动人口、机动车保有数量最多的省份，加上毗邻港澳，广东民生领域服务事项办理量大、涉及面广，历来受到社会广泛关注。近年来，广东持续深化"放管服"改革，取得明显成效。广东积极推动流动人口服务管理体制重大变革；探索运用智能IC卡、门禁视频系统等手段提升流动人口精细化服务管理水平；在"粤省事"向全省推出流动人口居住登记和居住证业务办理服务；全国率先推出居民身份电子凭证；全省全面推行广东电子居住证。

拐卖犯罪严重冲击社会的良知和道德底线，DNA比对技术等承载着受害者、社会各界的广泛期待。为帮助更多失踪被拐儿童与家人团聚，广东推出"DNA比对寻亲绿色通道"，打破地域壁垒，制定配套机制，规范内部受理、采集、送检、比中复核等工作流程与职责，不断提高广东查找比中失踪被拐儿童的效率和准确率。2021年以来，广东利用DNA比对寻亲绿色通道查找解救被拐失踪儿童500多名。其中，2021年12月6日，电影《亲爱的》的原型人物孙海洋，就通过DNA比对寻亲绿色通道，最终在深圳与失散14年的儿子相认。

为广泛倾听群众呼声，及时回应群众关切，切实维护群众利益。2021年5月1日，广东省公安厅在互联网平台设立"平安厅"厅长信箱，同步推动全省21个地市公安局设立"平安厅"局长信箱，统称"平安厅"信箱，实行上下联动、一体化运作，形成具有广东特色的"平安厅"信件办理工作体系，以小切口推动大变化。据了解，"平安厅"信箱开通一年多来，全省累计收到群众来信12.1万余封，解决急难愁盼问题3.9万余个，收到感谢信5581封，推动出台各类执法规范性文件146个，根据来信提供的线索查破各类案件近5700起。

▼三　把人民安全提升到平安广东建设的全新高度

迈上新的征程，扎实推进平安广东建设是坚决维护国家安全和社会稳定的重大战略任务，是推进国家安全体系和能力现代化的题中之义。我们要认真落实党的二十大精神，深入学习贯彻习近平总书记关于平安建设的重要论述和视察广东重要讲话、重要指示精神，始终牢记习近平总书记的谆谆教导，围绕实现习近平总书记赋予的使命任务，把人民安全贯穿发展各领域和全过程，着眼强国建设、民族复兴，着眼高质量发展，着眼构建新发展格局，更加坚定践行以人民为中心的发展思想，坚持以人民安全为宗旨，担负起推进中国式现代化建设、平安中国建设的广东使命。

广东省委十三届三次全会强调，扎实推进法治广东平安广东建设，在构建新安全格局上取得新突破。学习贯彻省委全会精神，落实省委"1310"具体部署，就要围绕中国式现代化建设中心任务，围绕高质量发展首要任务和构建新发展格局战略任务，创造更加安全的政治环境、更加稳定的社会环境、更加公正的法治环境，增进民生福祉，让公平正义、人民安全与人民群众的美好生活一路相伴，奋力在推进中国式现代化建设、平安中国建设中走在前列。

在新发展阶段，我国面临着复杂的安全形势，战略机遇和风险挑战并存，不确定难预料因素增多。广东地处"两个前沿"，在地理位置上是"交汇处"，在文化上是"交融处"，在意识形态领域是"交锋处"，易得风气之先，也易首当其冲，遇到的风险挑战、历经的大战大考此起彼伏，在维护好国家安全和社会稳定方面责任重大、使命光荣。近年来，广东一以贯之、久久为功推进平安广东建设，各项工作取得新进展新成效，但也要清醒看到前进中的挑战。当前广东统筹外部安全和内部安全、传统安全与非传统安全、线上安全与线下安全面临着复杂挑战，未来一个时期也只会越来越多、越来越严峻。我们务必要保持清醒，深刻认识广东在平安中国建设中的地位作用，深刻认识建设更高水平的平安广东的历史方位、目标任务，更加自觉扛起护一方平安、保一方稳定的政治责任，把握大局大势、坚定底线思维、增强忧患意识，坚持全领域谋划、全体系推进、全手段运用，坚持抓重点、扬优势、补短板、强弱项，始终坚持人民至上的价值理念，坚定不移贯彻总体国家安全观，推进安全体系与治理能力现代化，在更高起点上高标准谋划推进平安广东建设各项工作，把人民安全提升到新时代的全新高度。

第一，始终坚持人民至上的价值理念。坚持人民至上的价值立场与价值理念，既是中国共产党百年奋斗的经验总结，也是中国共产党走向未来的价值支撑与力量之源。习近平总书记指出，江山就是人民，人民就是江山，打江山、守江山，守的是人民的心。新征程上的平安广东建设要强化人民安全的宗旨意识，坚持把人民至上作为根本标准，把以人民为中心的发展思想作为新征程上平安广东建设的"根"与"魂"，始终厚植人民情怀，把为民造福作为平安广东建设的出发点和落脚点。新征程上平安广东建设坚持人民至上价值理念，以人民安全为宗旨，就要站稳人民立场，践行以人民为中心的发展思想，保持同人民群众的血肉联系，着力解决人民群众急难愁盼问题，满足人民群众对安全与美好生活的需要。新征程上平安广东建设坚持人民至上价值理念，以人民安全为宗旨，就要深入群众开展调查研究，向人民学习与求教，把握人民愿望、尊重人民创造、集中人民智慧，把人民群众的平安建设实践创造作为源头活水，及时发现、总结、概括人民群众创造出来的鲜活经验。新征程上平安广东建设坚持人民至上价值理念，以人民安全为宗旨，就要把人民群众是否满意作为检验平安建设工作的第一标准，把人民群众的所急所需所盼作为平安广东建设工作的"风向标"，把人民是否满意、是否高兴作为检验平安广东建设工作成效的尺度，使平安广东建设工作始终体现人民群众的呼声与意愿，把平安广东建设工作做到人民群众心坎上，让人民群众的获得感成色更足、幸福感更可持续、安全感更有保障，全方位提升守护人民群众平安的层次和水平。

第二，坚定不移贯彻落实总体国家安全观。习近平总书记强调，保证国家安全是头等大事，提出总体国家安全观，要求全党增强斗争精神、提高斗争本领，落实防范化解各种风险的领导责任和工作责任。新征程上建设高水平平安广东，必须坚持以人民安全为宗旨，坚定不移贯彻落实总体国家安全观。国家安全是安邦定国的重要基石，迈上新的征程，我们必须深刻认识国家安全面临的复杂严峻形势，把维护国家安全贯穿广东工作的各方面全过程，牢牢守住安全发展底线。要把维护政治安全摆在首位，坚持底线思维和极限思维，准备经受风高浪急，甚至惊涛骇浪的重大考验，主动塑造于我国有利的外部安全环境。持续提高公共安全治理水平，加快建立大安全大应急框架，提高防灾减灾救灾和重大突发公共事件处置保障能力。防范化解各领域重大风险，抓好国产替代、夯实基础、加强储备三件大事，提高应对极端情况能力，下好先手棋、打好主动仗。要统筹推进高质量发展和高水平安全，加快构建新安全格局，扎实推进全面依法治省，全力防范化解重点领域风险，全面提升维护公共安全效能，大力推进社会治理现代化，努力建设更高水平的法治广东、平安广东。要聚焦维护国家政治安全，牢牢掌握意识形态工作领导权、管理权、话语权，坚决守好守牢"南大门"。聚焦防范化解重大风险，落实重大突发事件"四个一"应急处置机制和全国全省"一盘棋"应急响应机制，牢牢守住不发生系统性风险底线。聚焦维护公共安全，深入推进扫黑除恶常态化，依法严厉打击突出违法犯罪，大力培育自尊自信、理性平和、积极向上的社会心态。聚焦维护网络安全，强化源头净网、严以治网、技术护网，着力营造清朗网络空间。

第三，推进安全体系与治理能力现代化。党的二十大报告强调，"推进国家安全体系和能力现代化，坚决维护国家安全和社会稳定"，体现出统筹发展和安全的根本要求，明确了构建新安全格局的战略任务。构建新安全格局，要持续完善社会治理体系。社会治理的成效，关乎人民安居乐业，关乎社会安定有序。作为经济第一大省、人口第一大省，广东社情民情复杂多样，对社会治理提出更高要求，必须坚持和发展新时代"枫桥经验"，加快打造共建共治共享社会治理新格局。要健全党组织领导的"三治"综合治理体系，畅通和规范多元参与途径，完善协商议事的制度性安排，不断激发基层社会治理活力。完善矛盾纠纷排查化解机制，健全基层社会治理工作体系，最大限度地把基层社会各类风险防范在源头、化解在基层、消除在萌芽状态。持续推进市域治理现代化，提高市域社会治理能力。提升城乡社区治理效能，推动重心下沉、资源下沉，用好网格化管理模式、数字化赋能手段、群众路线法宝，以城乡社会善治提升社会治理现代化水平。要用心用情抓好民生社会事业，深入实施"民生十大工程"，推动人口高质量发展，推动高质量充分就业，采取有力有效措施破解民生难题，让现代化建设成果、平安广东建设成果更多更公平惠及人民群众，创造更加稳定的社会环境。

"安而不忘危，存而不忘亡，治而不忘乱。"前进的道路不可能一帆风顺，越是前景光明，越是要增强忧患意识，做到居安思危。我们要深入学习贯彻习近平总书记关于平安建设的重要论述和视察广东重要讲话、重要指示精神，落实广东省委十三届三次全会精神，坚持以人民安全为宗旨，围绕保障现代化建设，锚定"走在前列"总目标，始终把为民造福作为平安广东建设的出发点与落脚点，加快建设更高水平的平安广东，把人民安全提升到新时代的全新高度，为广东在推进中国式现代化建设中走在前列创造更加安全稳定的环境。

第八章

平安广东：新时代高质量安全建设的举措

习近平总书记指出："坚持党中央对国家安全工作的集中统一领导，完善高效权威的国家安全领导体制。强化国家安全工作协调机制，完善国家安全法治体系、战略体系、政策体系、风险监测预警体系、国家应急管理体系……构建全域联动、立体高效的国家安全防护体系。"① "平安广东"是"更高水平的平安中国"的重要组成部分。平安广东建设，即以大安全观为指导，建设更高水平的平安广东，筑牢系统的广东新安全格局。新时代平安广东高质量建设要落到实处，必须进行系统的制度设计。

 一　坚持党对平安广东建设的全面领导

党中央始终把维护国家安全工作牢牢地抓在手上，坚持党对国家安全工作的绝对领导。总体国家安全观是我们党历史上第一个被确立为国家安全工作指导思想的重大战略思想，它是新时代国家安全工作的根本遵循和行动指南。没有安全和稳定，一切皆无从谈起。进入新时代，党中央成立中央国家安全委员会，建立集中统一且高效权威的国家安全领导体制，统筹协调国家安全重大事项和重要工作；通过制定实施《中国共产党领导国家安全工作条例》，进一步从制度上强化党对国家安全工作的绝对领导；全面落实党委（党组）国家安全责任制，明确各级党委（党组）维护国家

---

① 《习近平著作选读》第1卷，人民出版社2023年版，第43—44页。

安全的主体责任，推动地方党委国家安全系统全国基本覆盖。①党的十八大以来，以习近平同志为核心的党中央高度重视平安中国建设，平安中国建设被置于中国特色社会主义事业发展全局中谋划推进，平安中国建设体制机制得以逐步完善，人民获得感、幸福感、安全感随之更加充实。党的二十大报告强调"以新安全格局保障新发展格局"，提出了统筹发展和安全的根本要求，凸显了加快构建新安全格局是实现中国式现代化的前提。

党的十八大以来，广东全省上下坚决贯彻落实习近平总书记、党中央决策部署，把平安广东建设放在经济社会发展全局中谋划推进，全方位地推动各项工作不断获取新成绩和新进展，为广东全面建成小康社会、顺利开启新征程提供了有力保障。广东省第十三次党代会报告明确提出，此后五年，要深入推进平安广东法治广东建设，持续打造全国最安全稳定、最公平公正、法治环境最好的地区之一。广东坚持党的全面领导，坚持以人民为中心的发展思想，坚持统筹发展和安全，全力防风险、保安全、护稳定、促发展，平安广东、法治广东建设取得显著成效。"从全省省、市、县三级全覆盖成立由党委主要负责同志任组长的平安建设领导小组，到社会心理服务站（室）乡镇（街道）覆盖率达100%，再到建成镇街综治中心1609个，配备专兼职网格员19.6万名……"②这些工作、实践和数据，搭建起平安广东建设的"四梁八柱"，皆是新时代平安中国建设广东篇章的有力注脚。建设更高水平的平安广东是推进中国式现代化的广东实践的必然要求，是满足人民群众对美好生活新期待的必然要求，亦是续写经济快速发展和社会长期稳定"两大奇迹"之广东新篇章的必然要求。深刻认识建设更高水平的平安广东的历史方位，深刻把握建设更高水平的平安广东的

---

① 《习近平新时代中国特色社会主义思想概论》，高等教育出版社、人民出版社2023年版，第264页。

② 《织密安全网，让平安广东可见可感可触》，南方网2023年9月27日。

目标任务，突出"大平安"格局，坚持全领域谋划、全体系推进、全手段运用，在更高起点上高标准谋划推进平安建设各项工作，以高水平安全保障高质量发展，以广东的稳更好支撑全国大局的稳。

作为"更高水平的平安中国"的重要组成部分，平安广东建设要始终坚持党的全面领导，省、市、县三级全覆盖成立由党委主要负责同志任组长的平安建设领导小组，镇（街）探索建立平安建设协调运作机制，上下联动、有效整合资源力量，牢牢把握建设更高水平的平安广东的根本保证，不断完善集中统一、高效权威的平安广东建设领导体制，切实把党的领导的政治优势、制度优势转化为平安广东建设的强大效能。①广东省各级党委政府要把平安建设作为重大政治任务，党政主要负责同志要落实第一责任人责任，各相关单位要分兵把守、齐抓共管，各级平安建设领导小组及其办公室要加强统筹协调，形成整体合力，达到"一加一大于二"的功效。②正如习近平总书记强调指出："各地区各部门主要负责同志要落实好平安建设领导责任制，履行好维护一方稳定、守护一方平安的政治责任。"③通过落实平安广东建设领导责任制和目标管理责任制，强化平安建设考评结果的运用，有效地发挥导向激励作用，从而倒逼责任落实。

广东全省各地奋力推动平安广东建设不断取得新成效，涌现出一批组织领导有力、共建共享广泛、特色亮点鲜明、基层基础扎实、实际效果明显的平安广东建设先进典型地区，在平安广东建设考评中取得优异成绩。为发挥先进示范引领作用，省委平安广东建设领导小组办公室向平安广东

---

① 《以新安全格局护航高质量发展》，《南方日报》2023年9月26日。
② 《紧紧围绕护航高质量发展保障现代化建设　加快建设更高水平的平安广东》，《南方日报》2023年9月26日。
③ 习近平：《论坚持全面依法治国》，中央文献出版社2020年版，第247页。

建设成绩突出的市、县（市、区）颁授"平安鼎"。近年来，由东莞市委政法委牵头抓总，成立了市、镇两级平安建设领导小组，健全了镇街政法委员统筹和谐机制，并设立了镇街综合治理委员会，形成了"党委领导、综治牵头、部门协同、社会参与"大综治维稳工作格局，持续提升老百姓的满意度和获得感，不断把人民群众对美好生活的向往变成现实。由此，东莞市获颁2022年度"平安鼎"，东莞市麻涌镇、道滘镇被授予"一星平安鼎"，厚街镇、茶山镇被授予"平安鼎"，即东莞市一次拿下5个"平安鼎"，并成为全省获颁"平安鼎"最多的城市。2023年11月30日，人民日报客户端专门发布长文《平安镇街"鼎起"东莞大综治格局》，点赞东莞平安建设成果。①

▼二 培育复合型专业化平安广东建设的人才队伍

2024年2月18日，黄坤明同志在广东省高质量发展大会上的讲话中就明确指出："推进产业科技创新，人才是决定性因素。要真心爱才、悉心育才、倾心引才、精心用才，携手港澳加快建设大湾区高水平人才高地，吸聚全球高层次创新型人才，以人才工作的主动，更好掌握创新的主动、发展的主动。我省产业科技创新所需人才数量庞大，要坚持高标准精准引进和高质量自主培养两手抓，优化实施省市重大人才工程，推进高等教育'冲一流、补短板、强特色'，让广东的人才金字塔'塔基更实、塔身更强、塔尖更高'。视人才为珍宝，关键是要让人才有用武之地，让珍宝绽

---

① 在省委平安广东建设领导小组组织开展的平安广东建设考评中，连续三年获评优秀等次的地级市、县（市、区）颁授"平安鼎"；此后，每连续3个年度获评优秀等次的，在此基础上增加一颗星颁授"平安鼎"。

放光彩。我们既要创造更多的平台和机会，更要打通人才价值实现的通道，让各类人才在研究探索创新时拥有足够舞台，在成果转移转化中获得应有收益。"人才在国家发展中具有重要战略地位。推动国家发展和实现民族复兴必然要求加快人才队伍建设。党的十八大以来，以习近平同志为核心的党中央深刻把握人才工作规律，作出全方位培养、引进、使用人才的重大部署，有力地推动了人才队伍快速壮大、人才效能持续增强、人才比较优势稳步增强，为实施创新驱动发展战略、建设创新型国家发挥了重要支撑作用。①推进中国式现代化对人才队伍建设提出了更高的要求。全面贯彻落实总体国家安全观的同时要坚持加强国家安全干部队伍建设，平安广东建设亦要培育复合型专业化的人才队伍。

习近平总书记在提出总体国家安全观时所作的经典判断，即"当前我国国家安全内涵和外延比历史上任何时候都要丰富，时空领域比历史上任何时候都要宽广，内外因素比历史上任何时候都要复杂"，要求我们更为深刻地理解新时代中国国家安全内涵外延、时空领域、内外因素的复杂性、整体性和联动性。在此背景下，平安广东建设的人才保障亦是关键，它对培育一支政治可靠、业务精湛、专业扎实、高素质的复合型专业化的人才队伍提出了更高的期许和要求；致力于打造一支政治、业务、责任、纪律和作风皆过硬的人才队伍，势必为平安广东建设提供强有力的组织和人才保障。

坚持党对人才工作的全面领导是做好人才工作的根本保证；坚持深化人才发展体制机制改革是做好人才工作的重要保障；坚持营造识才爱才

---

① 《习近平新时代中国特色社会主义思想概论》，高等教育出版社、人民出版社2023年版，第151—152页。

敬才用才的环境是做好人才工作的社会条件。[①]其中，尤其要狠抓政法队伍建设，切实提高政治能力，锻造过硬本领，锤炼严实作风，不断增强队伍凝聚力战斗力。广州市公安局近年来在人才队伍建设方面的实践可圈可点。2021年11月10日，为深入学习贯彻中央人才工作会议精神，充分发挥广州公安高层次人才的带动引领作用，进一步营造尊重劳动、尊重知识、尊重人才、尊重创造的良好氛围，广州公安召开学习先进事迹座谈会，要求全市公安机关要提高政治站位，深入学习领会习近平总书记在中央人才工作会议上的重要讲话精神，切实把思想和行动统一到党中央关于新时代人才工作的决策部署上来，认清当前人才队伍建设存在的短板，通过加强统筹谋划以深入实施创新驱动发展和人才强警战略，加快形成有利于人才聚集的引进机制、人才成长的培养机制、人尽其才的使用机制以及人才各展其能的激励机制，全面加强青年人才工作，进一步推进广州公安人才工作高质量发展。全市公安机关紧密围绕中央打造粤港澳大湾区高水平人才高地，省委、省政府实施人才工作"五大工程"，市委市政府加快建设全球影响力高水平人才强市的部署要求，主动担当作为，积极为引进培养人才营造安全稳定的社会环境、公平正义的法治环境、优质高效的服务环境。[②]此外，近年来，广州市公安局政治部通过组织保障提战力、外树形象激活力、贴心关爱赋动力等系列举措，推动提高辅警待遇、落实奖励机制，着力打造广州辅警队伍管理高质量发展体系，广州辅警队伍与民警一道，在维护社会治安、打击违法犯罪、服务人民群众中为平安广州建设贡献力量，为推动全市公安工作高质量发展注入了强大动力。

---

① 《习近平新时代中国特色社会主义思想概论》，高等教育出版社、人民出版社2023年版，第154—156页。

② 《发挥警队人才的带动引领作用 奋力建设更高水平的"平安广州"——广州警方召开学习刘超同志先进事迹座谈会》，《南方法治报》2021年11月11日。

2023年10月24日，中共广东省委办公厅、广东省人民政府办公厅出台《关于加强新时代广东高技能人才队伍建设的实施意见》，从加大高技能人才培养、使用、评价、激励四个方面，提出一系列创新举措。广东省人力资源和社会保障厅在省人才工作领导小组统筹协调下，坚持党管人才基本原则，会同各地各部门全面落实《关于加强新时代广东高技能人才队伍建设的实施意见》，致力于为中国式现代化的广东实践提供有力技能人才支撑。①

三 遵循平安广东建设的内在规律

"安全是发展的前提，是老百姓最基本最朴素的期待。我们要全力防范和化解各类风险挑战，守护好万家灯火、社会安宁，以新安全格局保障新发展格局，以高水平安全保障高质量发展。"②实施国家重大发展战略要法治先行。习近平总书记反复强调，"法安天下"③，"法治是平安建设的重要保障"，"发挥法治的引领和保障作用"。④ 党的十九届四中全会提出，坚持和完善共建共治共享的社会治理制度，建设人人有责、人人尽责、人人享有的社会治理共同体，建设更高水平的平安中国。⑤良法

---

① 《广东：出台实施意见加强新时代高技能人才队伍建设》，广东省人力资源和社会保障厅网站2023年10月24日。

② 《政府工作报告——2024年1月23日在广东省第十四届人民代表大会第二次会议上》，《南方日报》2024年1月27日。

③ 习近平：《论坚持全面依法治国》，中央文献出版社2020年版，第165页。

④ 中共中央文献研究室：《习近平关于社会主义社会建设论述摘编》，中央文献出版社2017年版，第149、150页。

⑤ 《中共中央关于坚持和完善中国特色社会主义制度 推进国家治理体系和治理能力现代化若干重大问题的决定》，《人民日报》2019年11月6日。

善治是平安建设的保障，要更好地发挥法治固根本、稳预期、利长远的保障作用，更好破难题、防风险、提效能，确保高质量发展行稳致远。基于此，平安广东建设要不断深化对平安建设规律特点的认识，要始终坚持法治思维，坚持在法治轨道上开展落实平安广东建设各项工作，坚持全面推进科学立法、严格执法、公正司法、全民守法，把法治宣传教育作为战略性、基础性工程来抓，教育引导干部群众坚持依法办事，让崇法向善、循法而行成为人民群众的自觉行动。

（一）推进平安广东建设的科学立法

习近平总书记强调，推进科学立法工作，要"提高科学立法、民主立法、依法立法水平，不断完善中国特色社会主义法律体系"[①]。科学立法的核心在于尊重和体现客观规律，违背客观规律的立法显然有悖于法治精神。正如马克思所言："立法者应该把自己看作一个自然科学家。他不是在创造法律，不是在发明法律，而仅仅是在表述法律，他用有意识的实在法把精神关系的内在规律表现出来。"[②]实践是法律的基础，推进平安广东建设领域的立法工作自然也要基于中国的实践和广东的实践，通过完善立法规划，突出立法重点，坚持立改废释并举，提高立法科学化和民主化水平，注重践行全过程人民民主，提高立法的针对性、及时性、系统性、可操作性，使法律准确反映经济社会发展要求，更好地协调利益关系，发挥立法的引领和推动作用，以良法促进发展、以良法保障善治。[③]广东不断加强平安建设领域立法工作和制度建设，加强党对立法工作的领导，完善党委领导、人大主导、政府依托、各方参与的立法工作格局，逐渐形成

---

① 习近平：《论坚持全面依法治国》，中央文献出版社2020年版，第233页。
② 《马克思恩格斯全集》第1卷，人民出版社1995年版，第347页。
③ 《习近平法治思想概论》，高等教育出版社2021年版，第194页。

了系统完备、科学规范、运行高效的法律制度体系，突出了地方特色，且兼具针对性和实效性，创造性做好了地方立法工作，同时确保地方立法不与上位法相抵触，避免越权立法、重复立法、盲目立法。

2021年6月，广东省召开了平安广东建设工作会议，部署全面推进平安广东建设工作，强调要善于运用法治思维和法治方式推进平安广东建设，加快广东省平安建设地方立法的步伐。[①]同年12月1日，广东省第十三届人民代表大会常务委员会第三十七次会议表决通过了《广东省平安建设条例》（以下简称《条例》）。作为广东省首部关于平安建设的省级地方性法规，《条例》已于2022年1月1日起施行，它的内容共有8章51条，涵盖了基础建设、社会风险防控、重点防治、社会矛盾纠纷化解、社会参与、监督与责任等方面，涉及面广，重点突出，针对平安广东建设的实际情况，在全面明确平安建设的主要任务和相关单位职责定位的同时，着重夯实基础性制度和机制建设，以问题导向强化重点防治，完善社会风险防控和矛盾纠纷化解的事前事中事后全过程治理，对平安广东建设重点领域作出前瞻性制度安排，积极鼓励和引导社会力量参与，推动落实平安广东建设工作监督与责任机制，为在更高起点上推进平安建设提供更有权威、更可操作、更具针对性的制度保障。[②]《条例》第四条明确规定了平安广东建设的主要任务有8项：（1）维护国家政治安全；（2）防范化解社会风险和矛盾纠纷；（3）依法打击各类违法犯罪行为；（4）建立健全社会治安防控体系；（5）加强安全生产和应急管理工作；（6）健全实有人口服务管理机制；（7）完善基层社会治理机制；（8）国家和省规定的其他平安建设任务。在省级层面出台《条例》等平安广东建设地方性立法，广

① 潘水贤：《"平安广东建设"有了法治保障——〈广东省平安建设条例〉解读》，《人民之声》2022年第1期。

② 《为更高起点推进平安建设提供制度保障》，《法治日报》2022年1月4日。

东省由此成为全国首批完成平安建设专门立法的省份之一。通过地方性立法将平安广东建设中成熟的和操作性强的实践以法律形式固定下来，有利于提升平安广东建设工作的规范化水平，为持续建设更高层次和更高水平平安广东提供法律支撑。[①]

随着实践的推进，广东省进一步充分行使地方立法权，聚焦社会安全领域。2023年修订《广东省母婴保健管理条例》《广东省预防未成年人犯罪条例》《广东省安全生产条例》，制定《广东省燃气管理条例》；修正地方立法条例，明确各地可就基层治理领域事项制定地方性法规；聚焦省市区域协同立法，广东省人大常委会审查批准了汕头、佛山、梅州、江门、潮州等五市的地方菜相关条例，形成法规制度合力推动全省粤菜产业高质量发展……广东省因应实际需要立法，以良法促善治，既体现了科学立法，也在持续给平安广东建设添砖加瓦。

（二）推进平安广东建设的严格执法

习近平总书记指出："法律的生命力在于实施。如果有了法律而不实施，或者实施不力，搞得有法不依、执法不严、违法不究，那制定再多法律也无济于事。"[②]执法是行政机关履行政府职能，管理经济社会事务的主要方式。行政执法工作面广量大，连接着政府和群众，它与基层和群众的联系最为紧密，既直接体现执政水平，也直接关系群众对党和政府的信任以及对法治的信心。因此，各级政府必须依法全面履行职能，坚持法定职责必须为、法无授权不可为，健全依法决策机制，完善执法程序，严格执法责任，推进严格规范公正文明执法，深化行政执法体制改革，加强对执法活动的监督。严格规范公正文明执法是一个整体，要准确把握、全

---

① 《以新安全格局护航高质量发展》，《南方日报》2023年9月26日。
② 习近平：《论坚持全面依法治国》，中央文献出版社2020年版，第20—21页。

面贯彻。一方面，对违法行为一定要严格尺度、依法处理。因此，有必要加强行政执法与刑事司法两者间的有机衔接，坚决克服有案不移、有案难移、以罚代刑等现象。另一方面，强调严格执法，并非暴力执法或过激执法，而是让执法既有力度又有温度，规范执法言行，推行人性化执法、柔性执法、阳光执法。①

2023年以来，广东政法机关不断提升打击效能、打击水平，推动平安广东建设水平不断向纵深发展。公共安全是平安广东建设的"晴雨表"。自2023年6月25日，全国公安机关夏季治安打击整治行动部署开展以来，广东公安机关全警动员，有针对性地部署警力，加强美食街、烧烤店、大排档等部位的巡防勤务，同时全面清查违法违规行业场所，查控可疑人员、可疑车辆，查缴危险违禁物品，查处打击各类突出违法犯罪活动。校园安全始终受到各界高度重视。2023年9月秋季开学以来，广东各地公安民警加强学校周边的现场值守和巡逻，为师生营造安全有序的环境，公安机关还联合教育部门在全省开展多轮校园安全隐患排查整治工作，持续推动提升校园人防物防技防水平，实现一键报警装置、校园封闭管理全覆盖。针对道路交通安全，广东省公安厅在全省部署推进"冬季行动"，各地公安机关重点围绕"两客一危一货"、6座以上小客车、摩托车、电动自行车等7类车辆，重点严查严处酒驾醉驾、疲劳驾驶等13类易肇事肇祸违法行为。2023年以来，广东交警还积极围绕"人、车、路、企、救"等交通安全五大要素工作，推进了交通安全系统治理。②2023年，广东省刑事治安警情同比下降5.99%，刑事案件立案同比下降4.9%，破案同比上升11.1%，即实现了全省刑事治安警情同比下降、刑事立案同比下降，刑事

---

① 《习近平法治思想概论》，高等教育出版社2021年版，第198-201页。
② 《法治广东平安广东筑牢发展基石》，《南方日报》2023年12月15日。

破案同比大幅度上升，建设更高水平的平安广东取得新成效。[①]

平安广东建设还有必要持续提高依法行政水平，深入开展法治政府建设示范创建，用好广东省一体化行政执法平台（以下简称"粤执法"），擦亮"粤执法"品牌。2023年9月27日，《广东省一体化行政执法平台管理办法》（以下简称《办法》）印发并于同日起施行。《办法》适用于"粤执法"的规划建设、应用管理、数据采集等工作。"粤执法"是广东省人民政府统筹规划建设的行政执法信息化综合应用平台，它实现了省、市、县（市、区）、乡镇（街道）四级行政执法主体的执法信息网上采集、执法程序网上流转、执法活动网上监督、执法情况网上查询以及执法数据综合分析利用等系列功能，包括办案平台、监督平台和公示平台。办案平台主要用于行政处罚、行政强制、行政检查等行政执法行为的全过程网上流转和移动执法。监督平台主要用于法律法规、行政执法事项、行政执法主体及人员、行政执法文书等行政执法要素基础数据库的管理；"粤执法"监督平台实现了行政执法行为全流程智能监督和大数据分析研判。公示平台依托广东省政务服务网建设，并统一归集、公开全省行政执法主体的行政执法信息，落实行政执法公示制度。"粤执法"建设和推广应用工作取得了显著成效：其一，构建了全省统一的综合执法平台，为加强审管联动提供支撑；其二，实现了行政执法事项的数字化管理，推动行政权力规范运行；其三，支撑了镇街综合行政执法信息化，确保县级执法权"放得下、管得好、有监督"；其四，实现了条块兼顾、上下贯通，建立体系化执法监督新方式；其五，建立了行政执法数据高效流转机制，实现数据全生命周期管理。[②]

---

① 《广东公安2023成绩单：全省刑事治安警情同比下降5.99%》，"广东公安"微信公众号2024年1月9日。

② 《〈广东省一体化行政执法平台管理办法〉解读》，广东省人民政府网站2023年10月9日。

（三）推进平安广东建设的公正司法

习近平总书记指出："所谓公正司法，就是受到侵害的权利一定会得到保护和救济，违法犯罪活动一定要受到制裁和惩罚。"[①]司法工作的核心价值追求在于促进社会公平正义，"努力让人民群众在每一个司法案件中感受到公平正义"是习近平总书记为司法机关确定的工作目标，因此，司法机关要紧密围绕着这个目标改进工作，重点解决影响司法公正和制约司法能力的深层次问题，同时要深化司法体制综合配套改革，强化对司法活动的制约监督。[②]

党的二十大报告要求"严格公正司法"，强调"公正司法是维护社会公平正义的最后一道防线"。作为改革开放的排头兵、先行地、实验区，广东省在长期的司法实践中充分践行以人民为中心的发展思想，通过一系列改革措施探索形成了诸多创新成果，要深入推进更高水平平安广东建设，常态化推进扫黑除恶斗争，从严惩治各类突出违法犯罪，着力解决影响社会治安稳定的突出问题，以"时时放心不下"的责任感不断提高防范化解重大风险的能力水平，要牢固树立人民至上的司法理念，推出更多普惠均等、便捷高效的司法为民便民利民举措，[③]用心用情用力纾解人民群众的急难愁盼问题。[④]在中央的统一部署下，广东省深入推进司法责任制综合配套改革，不断健全权责一致的司法权运行体系，完善法官检察官

---

① 习近平：《论坚持全面依法治国》，中央文献出版社2020年版，第22页。

② 《习近平法治思想概论》，高等教育出版社2021年版，第201—204页。

③ 《广州天河：立案"小窗口"透视平安建设"大成效"》，《人民法院报》2023年4月3日。

④ 《广东高院召开党组会议　认真学习贯彻习近平总书记对政法工作的重要指示精神　传达学习中央政法工作会议精神和省两会精神》，广东省高级人民法院微信公众号2023年1月19日。

员额动态管理机制，在全国率先实行"以案定员、全省统筹"；组建广州互联网法院等新型审判机构，拓展公益诉讼案件范围，并在全国率先实行刑事案件律师辩护全覆盖；与此同时，应对司法需求进行了多项创新，追求公正，及时有效化解冲突，得到社会广泛认同，为平安广东建设保驾护航。①

2023年12月13日，广东省茂名市茂南区人民法院审理的一起食品安全行政处罚公益诉讼案入选了最高人民法院、最高人民检察院联合发布的行政公益诉讼典型案例。食品安全领域必须牢固坚持习近平总书记"四个最严"的要求，在法律框架内严格执法与司法。《中华人民共和国食品安全法实施条例》第67条第5项明确规定，"因违反食品安全法律、法规受到行政处罚后1年内又实施同一性质的食品安全违法行为"属于应当从重从严处罚的"情节严重"情形。在该案中，检察机关和人民法院在对此取得共识的情形下，对市监部门的被诉行政处罚决定作出严格审查，体现了司法的精准度与力度，对提升行政机关食品安全监管责任意识、规范执法标准具有重要意义。而且，人民法院在执行阶段召开圆桌会议，督促行政机关及时履行判决的做法，产生了多赢共赢的积极成效。②

2023年以来，广东法院依法审理多起涉黑涉恶案件，多名被告人被判处刑罚并处以罚金，对组织、领导黑社会性质组织的犯罪行为予以严厉打击，形成强大震慑，切实维护了人民群众的生命财产安全，让群众安居乐业……③据广东省高级人民法院发布的最新数据，自2021年常态化开展扫黑除恶斗争以来，截至2024年1月5日，广东法院依法从严从快审理农村家族宗族黑恶势力犯罪案件44件262人，重刑率达56.11%，追缴、没收违法

---

① 《奋力建设更高水平平安广东法治广东》，《南方日报》2022年5月22日。
② 《1案入选，事关饮用水安全！》，广东省高级人民法院公众号2023年12月14日。
③ 《法治广东平安广东筑牢发展基石》，《南方日报》2023年12月15日。

所得1.73亿元，有效铲除了黑恶势力的经济基础，有力震慑了农村家族宗族黑恶势力犯罪，彰显了广东法院充分发挥审判职能，推进常态化扫黑除恶斗争，坚决维护基层群众合法权益，努力建设更高水平的平安广东法治广东的坚定决心。①这些具体的司法实践皆是广东坚持以高质量法治推动平安广东建设、保障经济社会高质量发展的生动缩影。

（四）推进平安广东建设的全民守法

全民守法即任何组织或个人都必须在宪法和法律范围内活动，任何公民、社会组织和国家机关都要以宪法和法律为行为准则，依照宪法和法律行使权利或权力，履行义务或职责。②推进平安广东建设需要一个全民守法的广东，一个全民守法的广东无疑亦极大地助力于平安广东建设。

全面推进依法治国必须坚持全民守法，让法治成为全民思维方式和行为习惯，唯有全民信仰法治和厉行法治，国家和社会生活才能真正实现在法治轨道上运行，因此要加大全民普法工作力度，弘扬社会主义法治精神，增强全民法治观念，完善公共法律服务体系，夯实依法治国的社会基础。2021年5月18日，广东法院"民法典百场庭审直播"拉开序幕，广东首例"好意同乘"案二审在广州市中级人民法院公开开庭审理，中国庭审公开网等13家网络平台同步直播，180多万网民在线观看……广东法院以"民法典百场庭审直播"活动作为契机，推动《民法典》正确贯彻实施，依法维护人民群众合法权益，促进人民群众生活品质提升，让人民群众收获更加充实、有保障且可持续的获得感、幸福感、安全感。③

---

① 《广东高院发布三起打击农村家族宗族黑恶势力犯罪典型案例》，广东省高级人民法院微信公众号2024年1月5日。
② 习近平：《论坚持全面依法治国》，中央文献出版社2020年版，第23—24页。
③ 《民法典百场庭审直播活动正式启动》，广东省高级人民法院微信公众号2021年5月18日。

推进全民守法要在全社会树立法律权威，增强全社会尊法学法守法用法意识，引导群众遇事找法、解决问题靠法，使法律为人民所掌握、所遵守、所运用，从而自觉地抵制违法行为、维护法治权威。截至2023年底，广东共有1600多个司法所，3万多个人民调解组织，超18万名人民调解员正奋斗在矛盾纠纷调解第一线，努力让"小事不出村社、大事不出镇街、矛盾不上交"。不少社区居民也已经习惯在遇到法律问题、碰上矛盾纠纷时便主动咨询专业人民调解员，"无讼"文化深入人心……[①]这些调动人民群众积极参与平安建设、法治建设的典型实践都极具启发性。

推进全民守法还要加强法治宣传教育，不断地提升全体公民的法治意识和法治素养，使人们发自内心信仰和崇敬宪法法律。为此，要坚持把全民普法和守法作为依法治国的长期基础性工作，采取有力措施加强法治宣传教育。推进平安广东建设也要做好法治宣传引导，形成平安广东建设人人参与、平安广东成果人人共享的良好氛围。2023年12月4日是我国第十个国家宪法日，为此，广东各地法院积极开展以"大力弘扬宪法精神，建设社会主义法治文化"为主题的宪法宣传周活动，坚持知识普及、理论阐释、观念引导全面发力，推动宪法走进人民群众、更加深入人心。法院干警们结合法律规定，通过发放法律宣传册、设立宣传咨询台、开展模拟庭审等，给群众呈现了一堂堂生动的法治课，引导群众强化宪法意识、弘扬宪法精神、维护宪法权威。[②]加强法治宣传教育，还有必要把法律规范和道德规范结合起来，发挥道德对法治的滋养作用，增强法治的道德底蕴。[③]

---

① 《法治广东平安广东筑牢发展基石》，《南方日报》2023年12月15日。
② 《美好生活，"宪"在进行时！》，广东省高级人民法院微信公众号2023年12月5日。
③ 《习近平法治思想概论》，高等教育出版社2021年版，第204—207页。

2024年，广东"必须始终牢记习近平总书记殷殷嘱托，按照省委十三届四次全会暨省委经济工作会议要求，认真落实省委'1310'具体部署，永葆'闯'的精神、'创'的劲头、'干'的作风。要以'走在前列'总目标统领广东各项工作。把坚持高质量发展作为新时代的硬道理，坚持深化供给侧结构性改革和着力扩大有效需求协同发力，坚持依靠改革开放增强发展内生动力，坚持高质量发展和高水平安全良性互动，把推进中国式现代化作为最大的政治，以走在前列的奋斗与业绩，再创让世界刮目相看的新的更大奇迹"[①]。新时代新征程，广东省将始终坚持以习近平新时代中国特色社会主义思想为指导，全面贯彻党的二十大精神，认真落实省委"1310"具体部署，努力建设更高水平的平安广东、法治广东，为广东省实现"走在前列"总目标作出新的更大贡献。

[①] 《政府工作报告——2024年1月23日在广东省第十四届人民代表大会第二次会议上》，《南方日报》2024年1月27日。

后 记

　　一生平安是中国人最朴素的夙愿，追求平安是中华民族的处世之道。建设平安幸福的中国是中国共产党人的初心和使命。党的十八大以来，习近平总书记高度重视人民的平安，把人民的平安放在平安中国的极端重要位置，发表了系列重要讲话。平安广东是平安中国的重要方面，在平安中国中具有重要的地位和作用。新时代随着中国改革开放不断向纵深领域的拓展，广东各行各业向高质量发展奋进的过程中，平安广东建设也不可避免地遇到了新的挑战和机遇。这就把"统筹发展和安全，建设更高水平的平安中国"的战略提到议事日程。这是新时代由我国所处的新的历史方位和面临的新的历史任务所决定和要求的，也是平安广东建设面临的形势和要求。"居安而念危，则终不危；操治而虑乱，则终不乱。"忧患意识从来就是中华民族的文化基因，也是中国共产党一直秉承的优良传统。新时代在中华民族全面开启社会主义现代化建设的新征程上，面对世界百年未有之大变局，以习近平同志为核心的党中央把安全问题摆在了更加突出的位置，提出了"更高水平"的建设要求。这个"更高水平"是在新时代面对安全问题提出的必然要求。因此，深刻理解其新时代的必要性，科学解释其内涵，有效探索实现途径是当下亟待解决的一个重要时代课题。

　　平安广东建设是新时代更高水平的"平安"，是"大平安"广东建设，是新安全格局的平安广东建设。平安广东建设坚持以习近平总书记系列重要讲话精神为指导，追求以人民为中心的平安。平安广东建设是一个体制机制完善的过程，是一个治理模式创新优化的过程。平安广东建设不仅是一个理论问题，更重要的是一个实践问题。平安广东建设如何体现广东特色，对平安广东建设作出前瞻性制度安排，这对全国都具有示范作用。平安广东建设有理由有责任先行一步探索经验，给其他地区提供参考，作出广东应有的贡献。本研究成果就是在习近平新时代中国特色社会主义思想和平安中国系列重要讲话精神指导下，总结平安广东建设的经验与成就，为新时代平安广东建设的高质量高水平发展提供谋划。作者在写作的过程中，系统地学习了党的十八大以来，习近平总书记关于平安中国及其对广东的系列重要讲话精神，阅读了其他学者关于平安及其平安广东建设的相关著作和论文。所以，该研究成果吸收了许多学者的研究成果，在文中做出了必要的注释，当然也可能有遗漏，敬请读者批评指正。

本研究成果由王仕民教授（中山大学）按照整体写作要求拟定写作提纲，并根据编委会要求修改提纲。在出版之前，由王仕民教授和申长慧博士对所有章节进行了修改和完善。具体参与研究的作者有：第一章丁存霞副教授、博士（中山大学），第二章韩伟副教授、博士（中山大学），第三章李湘助理教授、博士（中山大学），第四章陈继雯博士（广州医科大学），第五章申长慧助理教授、博士（中山大学），第六章王相忍老师（广州商学院），第七章吴之声助理教授、博士（中山大学），第八章邓华副教授、博士（中山大学）。衷心感谢大家的精诚合作与辛勤付出！

这里要特别感谢广东人民出版社编辑团队，感谢后期对研究成果的修改与完善、编辑与校对！

从写作到修改与完善，虽然作者都尽心尽力，但总是觉得还有不尽如人意的地方，感觉与大家的期待有一段距离。由于新时代发展较快，再加

上水平所限、研究时间等因素，本书疏漏之处、不足之处在所难免，还有
不少需要提升的地方。敬请各位专家、学者指正为盼，也希望广大读者提
出宝贵的意见和建议！

作　者

2024年7月